EL
GRAN CAMBIO

Títulos de temas relacionados de Hay House

Cambie sus pensamientos y cambie su vida,
Dr. Wayne W. Dyer

La desaparición del universo, Gary R. Renard

La edad de los milagros, Marianne Williamson

El fascinante poder de la intención deliberada,
Esther y Jerry Hicks

Gratitud, Louise L. Hay

Inspiración, Dr. Wayne W. Dyer

La Ley de Atracción, Esther y Jerry Hicks

Meditaciones para sanar tu vida, Louise L. Hay

Un mensaje de García, Charles Patrick Garcia

En mis propias palabras, Su Santidad el Dalai Lama

La Matriz Divina, Gregg Braden

¡El mundo te está esperando!, Louise L. Hay

Pedid que ya se os ha dado, Esther y Jerry Hicks

Pensamientos del corazón, Louise L. Hay

Los placeres secretos de la menopausia,
Christiane Northrup, M.D.

El poder contra la fuerza, David R. Hawkins, M.D., Ph.D.

El poder está dentro de ti, Louise L. Hay

El poder de la intención, Dr. Wayne W. Dyer

Respuestas, Louise L. Hay

Sana tu cuerpo, Louise L. Hay

Sana tu cuerpo A–Z, Louise L. Hay

10 Secretos para conseguir el éxito y la paz interior,
Dr. Wayne W. Dyer

Sobrevivir para contarlo, Immaculée Ilibagiza

Usted puede sanar su vida, Louise L. Hay

La vida es corta: Póngase sus pantalones de fiesta,
Loretta LaRoche

Vive tu vida, Carlos Warter, M.D., Ph.D.

Vivir en equilibrio, Dr. Wayne W. Dyer

¡Vivir! Reflexiones sobre nuestro viaje por la vida, Louise L. Hay

■ ■ ■

(760) 431-7695 • (800) 654-5126
(760) 431-6948 (fax) • (800) 650-5115 (fax)
Hay House USA: **www.hayhouse.com**®

EL
GRAN CAMBIO

De la simple ambición al verdadero significado de su vida

Por el doctor
WAYNE W. DYER

HAY HOUSE, INC.
Carlsbad, California • New York City
London • Sydney • Johannesburg
Vancouver • Hong Kong • New Delhi

Derechos © 2010 por Wayne W. Dyer

Publicado y distribuido en los Estados Unidos por: Hay House, Inc.,
P.O. Box 5100, Carlsbad, CA 92018-5100 USA • (760) 431-7695 •
(800) 654-5126 • (760) 431-6948 (fax) ó (800) 650-5115 (fax) • www
.hayhouse.com®

Supervisión de la editorial: Jill Kramer
Editora del proyecto: Shannon Littrell
Editora de Wayne Dyer: Joanna Pyle
Diseño: Jami Goddess
Traducción al español: Adriana Miniño: **adriana@mincor.net**

Título del original en inglés:
THE SHIFT: Taking Your Life from Ambition to Meaning

ISBN: 978-1-4019-2710-3
ISBN digital: 978-1-4019-2945-9

Impresión #1: Noviembre 2010

Impreso en los Estados Unidos

FSC
Mixed Sources
Product group from well-managed
forests, controlled sources and
recycled wood or fiber
Cert no. BV-COC-930557
www.fsc.org
© 1996 Forest Stewardship Council

*"Existe una tierra de los vivos
y una tierra de los muertos,
y el puente es el amor, el único camino para la
supervivencia, lo único que tiene significado".*

Extraído de *El puente de San Luis Rey*
de Thornton Wilder

Para Reid Tracy.
Con toda mi gratitud hacia ti por
compartir conmigo esta visión...

CONTENIDO

INTRODUCCIÓN

Hace poco tuve el placer de ver un documental impresionante titulado *Hasten Slowly: The Journey of Sir Laurens van der Post (Apresurándose a paso lento: La jornada de Sir Laurens van der Post)*. Sir Laurens pasó gran parte de su vida con los hombres de la tribu bosquimán del desierto africano de Kalahari recopilando sus historias. Para mí, sus extraordinarias y sabias ideas resumen en unos cuantos párrafos el anhelo esencial que albergan casi todos los seres humanos:

Los bosquimán del desierto Kalahari
hablan de dos "hambres".
Existe la Gran Hambre y la Pequeña Hambre.
La Pequeña Hambre desea comida
para el vientre; pero la Gran Hambre,
la mayor de todas, es el hambre de significado...

*En última instancia, sólo hay algo que hace que el ser
humano se amargue de forma profunda e intensa,
y es imponerse una vida sin significado...*

*No tiene nada malo ir en pos de la felicidad...
Pero existe algo que le ofrece mucho
más consuelo al alma...
es algo mucho más grande que la misma felicidad,
o la infelicidad, y se trata del significado.
Pues el significado lo transfigura todo...
Una vez que lo que haces tiene significado
para ti, es irrelevante si eres feliz o no.
Te sientes pleno —no sientes que tu
Espíritu está solo— sientes que perteneces a algo.*

(Sir Laurens van der Post en *Hasten Slowly,*
una película de Mickey Lemle)

Tal como relata de forma tan elocuente, "la Gran
Hambre, la mayor de todas, es el hambre de significado".
El gran cambio es una invitación —tanto en este libro
como en la película del mismo nombre (The Shift)—
a explorar el proceso de pasar de una forma de vida sin
rumbo a una vida llena de significado y propósito.

Por muchos años, he estado involucrado en ayudar
a las personas (incluyéndome) a lograr su máximo
potencial. Ya casi llego a las setenta vueltas alrededor de
nuestro sol, y lo que se destaca claramente es que todos
deseamos llevar vidas con propósito y significado. En
este libro, esclarezco lo que parece ser necesario para

alcanzar un estado de conciencia y de clara percepción para fomentar una vida con propósito y significado.

■ ■ ■

Cuando salió al público la película de la cual se deriva este libro, su título fue primero *From Ambition to Meaning (De la ambición al significado)*, no obstante, muchas personas no tenían claro lo que querían decir esas palabras ni de lo que se trataba la película. Parece ser que el título conducía a conclusiones un poco erradas, quizá indicando que se trataba de un documental o una presentación de una de mis charlas en película.

Durante la gira nacional de inauguración, cuando la película fue presentada ante audiencias seleccionadas, le expresé al director y al productor ejecutivo mi visión sobre la confusión del título. Dije: "Me encanta esta película; sin embargo, si la hiciera de nuevo, le pondría un título diferente. La llamaría *El gran cambio,* porque durante toda la película es de esto que hablamos y es lo ´que debe llevarse a cabo para que una persona pase de la simple ambición al verdadero significado". Para mi gran satisfacción —y debo otorgarle el crédito al director y al productor— al cabo de una semana, la película tenía un nuevo título. Con todo eso, persistía la siguiente noción: *De la simple ambición al verdadero significado de su vida.*

Mientras contemplaba cómo presentar ese mensaje esencial en un libro compañero de la película, una profunda meditación me llevó a usar estas diez palabras como el formato del contenido del libro. Y es precisamente el libro que ahora tiene en sus manos (o en su lector de libros).

Todos nosotros, en este glorioso viaje humano hacia la adultez, debemos realizar algunos grandes cambios o transiciones durante la jornada. Si nos va bien, pasaremos los dos primeros y obligatorios y avanzaremos hacia aquellos grandes cambios en la conciencia que nos llevarán a una vida llena de propósito. Y, ¿qué quiero decir con esto?

El primer gran cambio que todos hacemos nos lleva del no ser al ser; del Espíritu a la forma; de lo invisible a nuestro mundo corpóreo de cosas, fronteras y asuntos materiales. Por ende, el primer capítulo de este libro se titula: "De...". En mi propia manera humilde (y, desde luego, imperfecta), trato de definir lo indefinible por medio de palabras y frases que son apenas un símbolo de aquello que desafía la descripción. No obstante, es como he llegado a ver cómo luce ese mundo del Espíritu invisible, del cual se originan todas las cosas y al cual todas regresan.

El siguiente gran cambio que describo es aquel que va *De* a la *ambición,* siendo por ende "la simple ambición..." el título del Capítulo 2. La ambición es la fase en donde asumimos el rol del ego que es opuesto al *lugar* del Espíritu de donde provenimos. El ego en este contexto es nuestro ser falso.

Existen dos grandes cambios que son obligatorios e importantes y que emprendemos en esta jornada de nuestra humanidad. Muchos de nosotros llegamos al final de nuestras vidas realizando únicamente esas dos transiciones. Por desdicha, la ambición es a menudo el final de la historia de la vida. En mi película, así como en este libro, he propuesto que existen dos grandes cambios adicionales disponibles para todos nosotros. Cuando nos embarcamos en ellos la "vida sin significado", a la cual se refiere Sir Laurens, ya no es el final de la historia. Podemos elegir en dar el salto más allá del segundo gran cambio de la ambición dirigida por el ego.

El tercer capítulo se titula: "al...", que significa llegar a un lugar en nuestras mentes en donde comprendemos que tenemos la opción de dar una vuelta en U alejándonos del ser falso y comenzar a dirigirnos de regreso a la dirección de nuestro origen, o lo que estoy llamando: "Originalidad". Esta nueva fase de nuestra jornada de vida es un regreso al Espíritu y una invitación al dominio divino de lo invisible para reemplazar el dominio del ego. Aprendemos a domar el ego cuando nos dirigimos *al* verdadero significado y propósito de nuestras vidas, apoyados por nuestra Fuente del ser.

El gran cambio descrito en el capítulo 4 es el "verdadero significado de su vida". Cuando abandonamos ese ser falso y comenzamos nuestro viaje de regreso a la Fuente mientras vivimos, lo hacemos de acuerdo a nuevas normas de vida. Descubrimos que las leyes del mundo material no necesariamente se aplican en la presencia del *Verdadero significado de su vida,* el cual propiciamos con nuestro gran cambio hacia la Fuente. La manifestación de milagros y el sincronismo recién descubierto comienzan a poblar el paisaje de la vida. En efecto, el significado es lo que define ahora todos los momentos de nuestra existencia.

En mi experiencia, por desdicha, la ambición del ego es el propósito final de muchas vidas, si bien hay señales que podemos advertir que nos indican esos dos grandes cambios adicionales que nos liberan de nuestra ilusión de las comodidades del ego. Podemos dar marcha atrás y dirigirnos de regreso al lugar del Espíritu en el tercer gran cambio. Y luego, en el cuarto gran cambio, logramos una vida de significado y propósito dedicando de nuevo nuestra ambición hacia la realización de nuestro ser auténtico. Podemos realizar nuestro llamado supremo cuando emprendemos de forma consciente la jornada De la simple ambición al verdadero significado de nuestra vida. Podemos transformar nuestras vidas individuales y, como bono adicional, influenciar también el destino de nuestro sagrado planeta.

Les envío todo mi amor,
Doctor Wayne W. Dyer
Maui, Hawaii

■ ■ ■   ■ ■ ■

CAPÍTULO UNO

DE...

"Y tu cuerpo es el arpa de tu alma,
y es tuyo para generar una dulce música
o sonidos confusos".

Kahlil Gibran[1]

Hasta donde recuerdo, he sido de naturaleza contemplativa. Desde muy niño, cavilaba sobre la vida con preguntas que casi nunca tenían respuestas concretas. Mi primer intento en comprender la muerte fue cuando murió el señor Scarf, el esposo de la pareja que conducía el hogar adoptivo en donde vivíamos mi hermano David y yo. Cuando la señora Scarf nos dijo a David y a mí que su esposo había muerto, nos dio a cada uno un banano para distraerse de su dolor. Le pregunté de inmediato: "¿Cuándo regresará?". Su respuesta de una sola palabra me dejó perplejo. "Nunca", respondió, secándose las lágrimas de lo que yo percibía como el rostro de una anciana.

Fui de inmediato de la litera superior de nuestras camas camarote, pelé un banano e intenté comprender el significado de la palabra *nunca*. Imaginaba comienzos y finales, como el día y noche que terminan y luego comienzan, y pensaba en el señor Scarf que iba al trabajo y luego regresaba. De una forma elemental, reconocía la ley de causa y efecto, pensaba en cómo los retoños de los árboles frutales se convierten en manzanas o en cerezas. Pero me sentía frustrado ante la idea de que el señor Scarf nunca regresaría. Eso trastornaba por completo mis conocimientos a esa edad respecto al flujo natural de las cosas. Yacía sobre mi litera en la parte alta contemplando el techo, luchando por comprender cómo era posible que el señor Scarf se hubiera ido para siempre.

Cada vez que pensaba en esta idea de algo que nunca jamás regresaba, sentía que mi estómago daba vueltas. Mis pensamientos giraban entonces hacia algo más placentero, algo que yo pudiera comprender, tal como: *¿A qué hora cenaremos?* o *¿Dónde estará mi vagoneta?* Pero mi mente, inquisitiva por naturaleza, seguía reflexionando en la idea misteriosa e inexplicable de *para siempre,* y regresaba entonces a mi estómago esa sensación de revoloteo atemorizante que me estremecía de nuevo, la cual siento incluso ahora al escribir estas palabras. Desde la muerte del señor Scarf, he escrito treinta y cuatro libros y he dado miles de charlas sobre la esencia de llevar una vida espiritual, no obstante, todavía siento un poco de náuseas cuando recuerdo esos vívidos momentos de mi infancia al intentar captar el significado de una vida sin un cuerpo que la encapsulara.

Durante todos estos años como escritor y orador, he seguido sintiéndome intrigado por lo que llamo "grandes cuestionamientos". He estudiado a maestros espirituales y filósofos, tanto orientales como occidentales, de épocas antiguas y modernas, quienes han explorado —y en muchos casos, vivido— las verdades que observamos como nuestra herencia espiritual. Me encanta deliberar sobre estos cuestionamientos que han desconcertado a la humanidad desde que existe la historia escrita (y, probablemente, incluso desde antes). El misterio de la vida me sigue pareciendo fascinante y emocionante. Disfruto en considerar lo incontestable, pero a la vez me siento en paz con este enigma.

Uno de esos grandes cuestionamientos es: *¿Quién soy?* Parte de la respuesta es que soy un cuerpo con características mesurables. Sí, tengo un nombre, talentos y logros, pero lo que soy también incluye una presencia intangible que sé que forma parte de mí. Ese aspecto mío no tiene límites perceptibles ni una forma física. Un nombre para este aspecto no físico es *mente,* con su arreglo infinito de pensamientos invisibles influenciando al cuerpo físico.

Mi respuesta personal a la pregunta *¿Quién soy?* es que soy una parte de la Fuente que lo ha creado todo conocida por muchos nombres, incluyendo Dios, Espíritu, Fuente, el Tao, la mente Divina y otros. Aunque no puedo verla ni tocarla, sé que soy parte de ella, porque debo ser como mi origen, y mi origen es la inexistencia amorfa manifestada en forma. Por lo tanto, soy un Espíritu invisible, el cual es la Fuente de todo, y simultáneamente la forma que está destinada a regresar a lo invisible.

Algunos otros grandes cuestionamientos con los cuales he tenido que lidiar son: *¿Qué ocurre después de la muerte de mi forma? ¿Cuál es el propósito de mi vida? ¿Cuál es la apariencia de aquello que es para siempre? ¿Quién o qué es Dios?* No pretendo tener respuestas definitivas a estas inquietudes. Si grandes mentes como Lao-Tsé, Sócrates, Buda, Rousseau, Descartes, Einstein, Spinoza, San Francisco, Rumi, Patanjali, Goethe, Shaw, Whitman o Tennyson (entre muchísimos otros) no pudieron encontrar una respuesta definitiva, ciertamente no seré yo quien sea capaz de aclarar todos estos misterios en un libro, ni siquiera en todo un espacio de vida. Sólo puedo ofrecer mi propia interpretación de lo que he llegado a conocer a través de los estudios, las vivencias y mis concentrados esfuerzos en hacer un contacto consciente con mi Fuente del ser, y con aquello a lo que me refiero como la Fuente de todo en este universo material.

Primordialmente, la pregunta que me ha intrigado y confundido, desde que tengo uso de razón, es aquella que trasciende los demás cuestionamientos de: *¿Quién soy? ¿Cuál es mi propósito? ¿Qué ocurre después de la muerte? ¿Quién o qué es Dios?*, y se trata del título del primer capítulo: *De. ¿De dónde vengo?*, siempre ha sido para mí el *verdadero* gran cuestionamiento.

¿De dónde vengo?

Cuando pienso en los hechos que ocurrieron y las personas que existían antes de mi llegada en 1940 al planeta Tierra, me intriga pensar lo que determinó que yo apareciera en el momento preciso en que lo hice. ¿En dónde estaba antes de mi concepción en 1939? ¿Qué estaba haciendo mientras transcurrían las Cruzadas en los siglos XII y XIII? ¿En dónde estaba en el año 2500 a. de C. cuando fueron construidas las pirámides? ¿Qué era yo o dónde estaba millones de años antes de que los seres humanos aparecieran en este planeta, en la época en que los dinosaurios rondaban la tierra? Las preguntas contemplativas de este género me llevaron a estudiar una gran cantidad de ciencias que explicaban cómo llegaron las cosas al nivel de la forma. Y a pesar de que no me considero, bajo ningún criterio, un experto en esta área, esto es lo que he aprendido.

Según entiendo, la física cuántica considera el siguiente hecho científicamente inexpugnable: en el nivel subatómico más diminuto, las partículas mismas no se originan de una partícula. Esto significa que la materia se origina de algo que es amorfo. Los científicos denominan "energía" a la inmaterialidad que produce la materia. Esta energía no material produce la partícula que se convertirá en aquello que soy hoy en día. Lo considero como una *transformación de la energía a la forma,* y al leer este libro, lo invito a que considere los grandes cambios que ha realizado para llegar a ser quien es hoy en día y a estar donde está ahora mismo.

Considero la minúscula muestra de protoplasma humano que fue mi primerísima partícula de humanidad como parte de algún tipo de "visión del futuro" que se transformó en un feto, y luego en un bebé, un niño que gatea, un niño pequeño, un adolescente, un joven, un adulto maduro, un hombre de edad mediana y una persona que ha vivido casi setenta años. Todos estos cambios eran inherentes a esa energía originaria que se materializó como una partícula microscópica y se convirtió en lo que soy.

Está más allá de mi habilidad llegar a concebir cómo tuvo lugar dicho desarrollo milagroso en la formación del ser físico que soy. Pero sí creo que se manifestó independientemente de mi habilidad de hacer algo más al respecto que sólo observar mi desarrollo. En realidad, y en verdad, no estoy haciendo absolutamente nada. Suena más honesto que sencillamente observarme siendo vivido por esta energía que todo lo crea, que parece no hacer nada, y que al mismo tiempo no deja nada por hacer. Entonces, ¿de dónde provino ese diminuto punto microscópico que fue mi primera experiencia como partícula?

Recuerde que la física cuántica nos dice enfáticamente que las partículas no provienen de las partículas. Si reducimos esa partícula original a su estado subatómico, es más pequeña que los cromosomas, átomos, electrones en el interior de los átomos; e incluso que las particular sub-sub-subatómicas llamadas quarks. Los científicos colocaron un quark del tamaño de mi punto de origen en un acelerador de partículas que giraba a una velocidad de 250,000 mph para que chocara con otro quark. ¿El resultado? No quedó nada. Parece que nada existe en el momento de la transición a algo. O, como me gusta decir: "De *ningún lado* a *este lado*". Todo lo que existe en el mundo de *de* es pura energía amorfa, sin partículas.

La física moderna confirma la metafísica del Génesis que nos dice que todo provino de Dios y que todo era bueno. De igual manera, el Tao Te Ching nos dice que todos los seres se originan en el no ser. Por consiguiente, la pregunta ¿de dónde venimos?, es respondida de forma similar por físicos y metafísicos. Ambos concluyen en que nos originamos de algo que no tiene forma, fronteras, comienzo ni sustancia. Todos somos, en esencia, seres espirituales teniendo una experiencia humana. Esta es nuestra esencia. De ahí es de donde provenimos.

Somos como nuestro origen

En la película *The Shift,* comento brevemente este concepto clave con varios de los personajes: *Todo aquello que se encuentra en el mundo material debe ser igual a su origen, incluyéndonos a cada uno de nosotros.* En la película me refiero a una tajada de pastel de manzana sobre un plato, y formulo la pregunta: "¿Cómo es ese pedazo de pastel?". La respuesta obvia es que es como un pastel de manzana porque debe ser como su origen. Este es un concepto familiar si pensamos en la sangre extraída para una prueba de diagnóstico. Una pequeña jeringa de sangre provee a los médicos información sobre todo el flujo sanguíneo de la persona a la cual se le ha extraído la sangre. ¿Por qué? Porque la muestra debe ser como su origen.

Aplico también esta lógica a mí y a ustedes. Puesto que no procedo de mis padres, no es una conclusión lógica señalar que debo ser como ellos. Puesto que no procedo de mi cultura, religión ni nada en este mundo, no necesariamente debo ser igual a mi entorno o a mi sociedad. Pero puesto que sí procedo de una Fuente de energía invisible que algunos llaman Dios, o Tao, o mente Divina, luego debo ser igual a mi origen. Mi conclusión respecto a mi origen es que provengo del Espíritu y mi verdadera esencia es que soy de donde provengo. Soy una pieza Divina de Dios. Soy primordialmente y siempre he sido un ser espiritual conectado de forma indivisible a la Fuente del ser.

Robert Burns lo resumió en su poema "New Year's Day", escrito en 1791:

> *La Naturaleza nos grita a viva voz,*
> *así como muchos, un mensaje del cielo,*
> *que algo en nosotros no muere jamás.*[2]

Lo que no tiene forma no puede ser destruido. El aspecto amorfo de todos los seres existe en la eternidad, inmune a comienzos o finales. La verdad parece ser que nuestra esencia es eterna, y es sólo el cuerpo físico que parece ir y venir en un ciclo de nacimiento y muerte. Lo que llamamos nacimiento y muerte es tan inseparable como las dos caras de una moneda, o como el día y la noche. La pregunta: *¿De dónde procedo?*, sólo se dirige al *yo* que es el cuerpo físico. Pero ese aspecto físico se originó en el no ser.

Somos exactamente como el gran Tao o Dios, y tenemos la libertad de tomar decisiones. Algunas de nuestras elecciones hacen que se contamine o se desgaste nuestro enlace con la Fuente. Una de esas elecciones mediocres es creer que la expresión de Dios a través de nuestro ser físico es un punto final o lo supremo, en vez de una oportunidad de elegir cómo expresar este don. De esta manera, excluimos a Dios dejando al ego que tome el mando de nuestras vidas. La gran lección en esta jornada filosófica es reconocer nuestra identidad primaria como un ser espiritual que es eterno y, por lo tanto, impermeable al nacimiento y a la muerte.

Nuestro ser físico es una expresión en la forma de la energía de nuestra esencia espiritual; nuestro ser real es el observador amoroso de nuestras experiencias sensoriales. Con el fin de armonizar por completo con esa naturaleza esencial, debemos dedicarnos a expresar su energía y a estar totalmente conscientes de la elección sagrada que tomamos. Para algunos, esto significará parecerse más a Dios mientras se encuentran temporalmente en sus cuerpos; para otros, será crear expresiones de belleza, propósitos y sabiduría más divinos en forma física.

El trayecto humano en forma corporal es apenas un paréntesis en la eternidad de nuestro ser real. Cuando el paréntesis se cierra, nos sumergimos de lleno en el Espíritu sin el ser de la materia. Estamos en ese viaje de ida y vuelta al que Lao-Tsé se refiere en su famosa cita del verso número 40 del Tao Te Ching: "Regresar es el movimiento del Tao". En la película *The Shift*, cito el poema de T. S. Eliot titulado "Little Gidding":

> *No cesaremos de explorar,*
> *y al final de toda nuestra exploración*
> *llegaremos a donde habíamos empezado*
> *y conoceremos el lugar por vez primera.*[3]

Pero antes de despojarnos de nuestro cuerpo físico y completar este viaje de regreso, podemos comenzar a comprender nuestra naturaleza original haciendo un esfuerzo por ser más como imaginamos que es nuestra Fuente del ser.

Una forma de conceptualizar esto es imaginarnos que observamos a través de un visor que ofrece una imagen clara de la Fuente creativa. A través de este lente vemos cómo piensa, siente y se comporta. Esta visión de nuestra Fuente nos ofrece una visión más clara de nuestro propio ser verdadero.

Comprender la respuesta a: *¿de dónde venimos?* involucra más que cualquier otra cosa, tratar de vivir desde una perspectiva que esté en relación con nuestra naturaleza original. Debemos parecernos más a la naturaleza espiritual de nuestro origen. Al reconocer la expresión de conciencia Divina que es nuestro ser físico, hacemos a su vez la elección de cómo expresar ese Espíritu Divino.

Cómo parece ser el Espíritu

Con mucha frecuencia nuestro mundo físico no parece ser muy espiritual, a pesar de que nuestro origen es la esencia espiritual. Henry Wadsworth Longfellow expresaba este dilema en su poema "Un salmo de vida":

> *¡La vida es real! ¡La vida es intensa!*
> *Y la tumba no es su meta;*
> *polvo eres y en polvo te convertirás,*
> *no son palabras que proceden del alma.*[4]

El poeta habla de su vida y de la mía como algo más allá de lo físico, lo cual él describe como el alma. Todos somos algo distinto a eso que identificamos con nuestros sentidos. No existe tumba para nuestra esencia espiritual —nuestro espíritu— pero podemos ignorarla y perder nuestro contacto con ella. En efecto, es una situación muy común durante diferentes periodos de nuestras vidas, cuando elegimos que nuestro ser físico tome el mando.

Me encanta la forma en que otro de mis poetas favoritos, Rabindranath Tagore, logró describir en dos líneas breves lo que él creía que era nuestra lección espiritual más importante.

*A Dios le encanta ver en mí, no a su sirviente,
sino a sí mismo que a todos sirve.*[5]

Las preguntas importantes que debemos formularnos son: *¿Soy como Dios? ¿Me estoy acercando a eso? ¿Llegué ya?* Si nuestra verdadera esencia es Espíritu, y creemos que de ahí provenimos, me parece una tarea sencilla reconectarnos con nuestra parte auténtica. Una forma de hacerlo es cambiar nuestros pensamientos y acciones hacia la forma en que imaginamos que la energía creativa piensa y actúa cuando su energía se materializa en la forma. Debemos ser más como el Espíritu parece ser. Puesto que de ahí procedemos, nuestra Divinidad es nuestro destino, sin importar lo mucho que lo hayamos descuidado a través de los años. Dios o el gran Tao, del cual todos somos parte, espera pacientemente a que seamos como es. Me imagino que el Espíritu que todo lo ha creado, si en verdad hay algo que desea de nuestra parte, sería que comprendiéramos eso.

Un ejemplo emotivo de esto se encuentra en *The Quiet Mind: Sayings of White Eagle:*

> Tu contribución personal hacia el gran plan para la evolución del hombre es residir continuamente en el amor de Dios; mirar siempre hacia la luz y entrenarte para reconocer la bondad de Dios en acción a través de todos los seres.

No creo que a Dios le interese que expresemos o no nuestro amor construyendo edificios imponentes para su adoración; acudiendo a servicios religiosos o a través de la práctica de reglas impuestas por organizaciones religiosas. Creo que si Dios nos hablara, el mensaje sería simplemente que nos amáramos mutuamente y que respetáramos toda forma de vida en vez de ofrecer animosidad alguna.

■ ■ ■

La jornada que hemos emprendido que nos ha llevado a este momento en este cuerpo abarca algo que estoy llamando "De". Provenimos de algo, de algún lugar, de alguna manera; y es un misterio para nuestra pequeña mente humana, la cual tiende a pensar desde la perspectiva de causa y efecto. Mi conclusión es que si estamos aquí ahora, debe haber habido un antes y ciertamente habrá un después.

No obstante, reconozco la posibilidad de que no hay un antes ni un después, ni una línea cronológica del tiempo. Puede ser que todo, en efecto, ya sea completo y que todo está ocurriendo al mismo tiempo, sin tiempo, ni espacio, ni antes, ni después. Pero no puedo escribir desde esa perspectiva porque *mi* pequeña mente humana desea que todo sea lógico y comprensible. Por consiguiente, describiré "como el Espíritu parece ser" dos jornadas distintas. La primera es la jornada *del Espíritu puro y amorfo hacia la forma*, y la segunda es la jornada *de una partícula subatómica al nacimiento*.

1. De Espíritu puro y amorfo a la forma
(Del no ser al ser)

Escribir sobre el no ser como el lugar *de* donde nos originamos, requiere que especule con imaginación sobre lo que es el mundo espiritual del no ser. La forma en que lo hago es imaginar una conciencia Divina que se ocupa de manifestar la forma de la nada. Concebir una creación sin un creador es igual a suponer un reloj sin un relojero. Observando a diario la creación, no puedo evitar contemplar que las flores proceden de las semillas, de las flores vienen los frutos y que de las pequeñas bellotas surgen los grandes abetos. A pesar de mi asombro y de mi falta de conocimiento, mi curiosidad respecto al mundo del Espíritu puro juega continuamente a conjeturar con el antes y el después; o con las preguntas "de dónde" y "hacia dónde".

Si observamos, el no ser es un estado delirantemente paradójico a considerar, pues a pesar de saber desde mi corazón, con toda certeza, que éste es real, sólo lo puedo contemplar desde mi propia existencia. Ya he descrito mis limitaciones en lo que concierne a la comprensión del *De* de mi existencia. Teniendo eso en cuenta, le ofrezco lo que percibo que es nuestra "Originalidad".

Concluyo que todo es energía; todo es vibración en una variedad de frecuencias. Cuanto más rápida la vibración, más cerca estamos del Espíritu y de comprender de dónde venimos. El lapicero que sostengo en mis manos mientras escribo estas palabras parece ser sólido, sin embargo, un vistazo a través de un poderoso microscopio demuestra que en realidad es un campo de partículas en movimiento, siendo el espacio entre esas partículas, vacío en su mayoría. La composición vibratoria de mi lapicero es energía lo suficientemente lenta como para parecer sólida ante mis ojos, los cuales sólo pueden percibir objetos que se ajustan a determinada frecuencia.

Mientras escribo, escucho el canto de las aves miná, y sé por mi limitada exposición a las leyes de la física, que los sonidos son una energía más veloz que mi sólido lapicero. La luz que veo entrar por mi ventana tiene una energía aún más rápida, con sus diminutas partículas moviéndose de forma tan veloz que parecen de color verde o azul o amarillo, dependiendo de la forma en que estén calibradas las células fotorreceptoras de mis ojos para recibir estas señales energéticas. Más allá de las frecuencias de luz están las energías vibratorias del pensamiento.

Así es, el pensamiento es un sistema de energía. Las frecuencias más elevadas de los pensamientos, que han sido calibrados y medidos a través de sencillos métodos de quinesiología, revelan que las vibraciones más veloces se acercan a la suprema vibración energética: la dimensión del Espíritu mismo. Los pensamientos vibratorios más elevados están alineados con la energía de la Fuente o el Tao o Dios. Cuando se experimentan como pensamientos, estas vibraciones más veloces crean fortaleza, pero los pensamientos más lentos crean una respuesta más débil en las pruebas quinesiológicas.

La forma en que esto funciona es que cuando enfocamos energía mental en un pensamiento alineado con la Fuente y elevamos un brazo a la altura del hombro para realizar una prueba de fortaleza, es difícil que alguien logre bajarnos el brazo. En cambio, cuando enfocamos nuestra energía mental en pensamientos de baja frecuencia, nuestro brazo levantado es fácilmente empujado hacia abajo por otra persona. En lo que a la quinesiología respecta, toda emoción negativa debilita al cuerpo físico. Estos estudios son ejemplos gráficos del mundo del no ser, y también son oportunidades para explorar frecuencias que armonizan con las vibraciones de la energía de la Fuente.

Ese campo del cual se originan todas las cosas y al cual todas las cosas regresan, tiene un *sentimiento* inherente. Basados en investigaciones y reflexiones de algunos de los seres más reverenciados que han pasado por esta tierra, la creación misma no es un acto de violencia, es un acto placentero y gozoso. No parece haber ningún miedo, vergüenza, reproche, ira, humillación, ansiedad u odio asociado con las obras del Tao que parece no estar haciendo y a la vez no deja nada por hacer.

Recuerde que el cuerpo en que vivimos veinticuatro horas al día, siete días a la semana, no fue creado por un ser humano; es la creación de Dios. Entonces, tiene todo el sentido del mundo el hecho de que si nuestro cuerpo, creación de Dios, está lleno de pensamientos negativos, se debilita. Expresar simplemente una mentira, debilita el brazo de una persona fuerte; expresar la verdad siempre crea una fuerte respuesta física porque la verdad proviene de Dios. ¿Cómo podría la creación o el Creador crear desde una falsa perspectiva? Hay lectura copiosa basada en investigaciones rigurosas en quinesiología que demuestran que el no ser, el lugar de donde provenimos, está alineado con energía que se fortalece cuando se expresa la verdad.

El pensamiento más elevado y más veloz que siempre nos mantiene fuertes es la energía del amor. Mi conclusión es que el no ser y el amor son sinónimos. El misticismo y virtualmente todas las religiones señalan que el Ser Supremo es amor y que la única verdad pura es el amor. Algunas religiones trivializan al Ser Supremo inventando a un dios a imagen y semejanza de los humanos. La suya es una deidad de infinitas y meticulosas reglas que se ofende fácilmente; contra quien se comete pecado; propenso a la ira, a la venganza y al castigo. El amor al que me refiero personifica al no ser, tenemos acceso a él y está incorporado en nuestro interior desde nuestro origen. No tiene reglas, no desea controlar, jamás castiga y no sabe cómo descender hacia expresiones opuestas al amor.

El universo entero, tal como lo veo, está compuesto de amor; y cada uno de nosotros parece ser una expresión individualizada del Único Ser de Amor. En una palabra: *Dios es* amor. Me gusta la descripción del amor de Ralph Waldo Emerson como un sinónimo de Dios. Qué concepto tan maravillosamente increíble el de esta idea del no ser como un estado de gloria puro e indescriptible, y necesario para que se lleve a cabo el acto de la creación.

Considérelo: provenimos del amor; por lo tanto, de alguna manera debemos de ser amor, puesto que debemos de ser iguales a donde provenimos. Así lo dijo Jesús: "El que no ama no conoce a Dios, porque Dios es amor" (1 Juan 4:8). Bastante básico y muy directo. El no ser es amor. Y puesto que provenimos del no ser, debemos de ser amor.

Pero de alguna manera, nos las arreglamos para alejarnos de nuestra naturaleza original. Cada pensamiento que no sea amoroso nos aleja de nuestra fuente. Cada acto de juicio, ira, vergüenza, miedo, ansiedad y violencia es un movimiento que nos aleja del amor, del conocimiento y de Dios. Un pensamiento en contra del amor es incluso un movimiento que nos aleja de nuestra naturaleza original.

¿Cómo era estar en ese estado de amor puro esperando nuestra transición hacia el ser? ¿Qué estábamos haciendo? Una vez que adquirimos la forma, estas preguntas son casi imposibles de plantearse. Sin embargo, esta es mi conceptualización de cómo se siente el no ser antes de nuestra jornada en este mundo de la forma y las fronteras:

— **La nada.** En lo único en que ciertamente podemos coincidir es en que no teníamos nada. No poseíamos nada, nada que hacer, nada por qué luchar, nada de qué preocuparnos; no éramos nada en términos físicos. Esta idea de la nada es realmente difícil para nosotros. Hemos entrado en un mundo en donde algo tiene que reemplazar a la nada; en donde la forma reemplazó a la no forma. En nuestro mundo material, no poseer nada y no hacer nada es generalmente interpretado como una señal de fracaso. No obstante, nuestra verdadera esencia se siente más cómoda con la nada.

Me parece que la forma más eficiente de saber y experimentar de donde venimos es hacer lo posible para reconectarnos con la nada creando una experiencia sin apegos, sin cosas y sin pensamientos. Logramos esto simplemente siendo, en vez de haciendo y acumulando. Según se cree, Herman Melville dijo: "La única y exclusiva voz de Dios es el silencio", y ésta es una invitación para experimentar nuestro mundo original de la nada. Toda la creación emerge del vacío silencioso, así como todo sonido. Cada rayito de luz emerge de la nada; cada pensamiento emerge del no pensamiento. Hay un proverbio Zen que nos recuerda que es el silencio entre las notas lo que hace la música. Sin silencio para interrumpir los sonidos, no podría haber música, sólo habría un tono largo y continuo. Pero, por supuesto, incluso ese largo tono se originaría en el vacío.

La nada es equivalente a la expresión de cero, matemáticamente no puede ser dividida; no tiene valor empírico, y si multiplicamos algo por eso, el resultado es nada. No obstante, sin el cero indivisible, las matemáticas por sí mismas no existirían. Antes de venir a este mundo material, nuestra esencia era la nada. Nada nos estorbaba: ni reglas, ni deberes, ni dinero, ni padres, ni hambre, ni miedo...; nada en absoluto.

Cuando escribí los ensayos de los 81 versos del Tao Te Ching para mi libro *Cambie sus pensamientos, cambie su vida,* me quedé sorprendido por todo el énfasis que Lao-Tsé colocaba en el conocimiento del gran Tao (Dios) renunciando a todo, liberándose de todos los apegos, haciendo menos, no poseyendo nada y practicando el conocimiento de Dios vaciando en vez de llenando la mente. Casi todos los grandes maestros espirituales nos dicen que encontramos a Dios en el vacío, y escuchamos en el silencio la voz de Dios cuando nos habla. Entonces, una de las respuestas a la pregunta de dónde venimos es: de la nada, con nada.

Debemos hacer el esfuerzo de encontrar nuestro camino hacia esa nada pacífica mientras sigamos en nuestro cuerpo. Podemos vaciar nuestros bolsillos o carteras, pero debemos especialmente vaciar nuestra *mente* y apreciar la alegría de vivir en nuestro mundo físico, mientras experimentamos al mismo tiempo la gloria de la nada. Este es nuestro origen, así como ciertamente es también nuestro destino final. Albert Einstein dijo una vez que todo es vacío, y la forma es vacío condensado. Y de acuerdo a mi maestro Nisargadatta Maharaj:

> Esta es la verdadera liberación: saber que no eres nada. Todo tu conocimiento, incluyéndote a ti mismo, es disuelto; en ese momento eres liberado.[6]

— **El uno.** Alineada de forma muy cercana a la nada está la idea del uno. ¿Cómo puede ser que en nuestra esencia espiritual seamos nada y al mismo tiempo estemos conectados con algo llamado el uno? Todo en nuestro universo físico está de alguna manera conectado a todo lo demás, porque todo se originó del vacío de la nada. No hay varios vacíos para que seleccionemos uno de ellos, todos venimos del mismo vacío que todo y todos vienen. Cuando tratamos de aislar algo, descubrimos que de alguna manera es parte de todo lo demás en el universo. Así como es absurdo que una ola se vea a sí misma separada del océano, igual es que nosotros no reconozcamos el uno con lo que conocemos como el infinito.

Es difícil comprender adecuadamente el uno porque estamos demasiado inmersos en un mundo de cosas que parecen *distintas* a nosotros. La primera línea del Tao Te Ching sugiere que el Tao que puede ser nombrado no es el Tao eterno. En otras palabras, tan pronto es nombrado, se pierde, porque hemos creado una dicotomía. El único significado del uno es eso, que sólo hay uno. Como dije anteriormente, así como el cero en las matemáticas no puede ser dividido ni subdividido. Al instante en que lo etiquetamos o lo nombramos, es algo más, separado; en consecuencia, no es la unidad del uno. Lao-Tsé menciona en repetidas ocasiones que cuando lo nombramos, lo perdemos. En el uno, no hay nombres; sólo hay el uno. Esa es la razón por la cual es imposible escribir sobre el uno, cada palabra que uso para describirla ilustra ¡que no la estoy entendiendo!

El lugar de donde provenimos está desprovisto de dicotomías, contrario a nuestro mundo material, el cual depende de pares de opuestos. En este mundo, sin un concepto de arriba, no puede haber abajo. Sin una idea de la muerte, no hay vida. El polo norte de un imán no puede existir sin el polo sur. Si no hay macho, no hay hembra. Si no hay correcto, no hay incorrecto. Pensamos en dicotomías, y nos identificamos según la base de los opuestos, sabemos lo que nos gusta, lo que sabe bien, lo que se siente bien, etc., debido a nuestra experiencia con lo que no nos gusta. Debido a este mundo material, para muchos de nosotros es difícil tener acceso al uno, el mundo que el antiguo maestro Hermes describió de esta forma:

> Dios es uno. Y aquel que es uno no tiene nombre, pues no necesita un nombre, ya que está solo... Todas las cosas se han derivado del Uno...[7]

La idea del uno es casi imposible de comprender porque vivimos en un mundo de contrastes, y el contraste requiere más de un elemento. Henos entonces aquí, persistentemente en nuestro mundo de dualidad. ¿Cómo podemos llegar a comprender la equidad del uno en el mundo del no ser que ocupamos antes de llegar al mundo del ser? Una forma sería pensar en nuestros dedos, piernas, brazos, dedos de los pies y ojos: No los consideramos como entidades separadas de nuestro ser total. No nos referimos a nuestros dedos como si estuvieran separados de nosotros mismos. A pesar de que ellos tienen sus cualidades y caracteres únicos, son parte del uno al que nos referimos como nosotros. Es igual nuestra relación con la Fuente o Dios antes de que llegáramos a este mundo: En ese mundo, el que llamo nuestra "originalidad", nosotros y Dios eramos uno.

Podemos considerar el uno como el concepto de que de donde provenimos significa descartar todas las ideas de separación de todos y de todo. Simular el uno a través de esa parte nuestra que conoce el silencio en donde no hay nombres ni cosas. Aquí, podemos comenzar a sentir nuestra conexión con todos: con la tierra, con el universo, y en última instancia con el gran Tao. El uno se hace accesible en ese gran poder, que actúa sin hacer, mantiene todo el universo en orden y genera la forma de la nada.

Si imaginamos que estamos libres de toda etiqueta, toda separación, y todo juicio respecto a este mundo y a la vida que en él reside, podemos comenzar a comprender el uno. El lugar al que deseamos entrar es sencillamente *ser*. Podemos visualizar la Fuente del ser como una energía que está tan disponible para nosotros como el cielo. No hay ira hacia nadie ni hacia nada porque todo y todos somos Espíritu. Este Espíritu es Dios, nuestra fuente del ser. Somos eso y eso es lo que somos. Descansamos en el silencio de donde provenimos. Descubrimos el significado de la vida siendo capaces de regresar al uno y a la nada mientras seguimos en forma material, sin tener que dejar nuestro cuerpo en el ritual de la muerte. Cuanto más cerca llegamos a experimentar nuestra naturaleza original, más la paz y el propósito fluyen a través de nosotros.

2. De una partícula subatómica al nacimiento (del más temprano estado del ser al nacimiento)

Hemos examinado la especulación lógica y espiritual de cómo luciría nuestro no ser. Por favor, recuerde que esto es en gran parte mi interpretación del mundo invisible del Espíritu, el cual es tanto nuestra fuente de origen como nuestro lugar de regreso una vez que nuestro ser físico ya no esté animado por la conciencia Divina.

En un misterioso y mágico nanosegundo, hacemos la transición del no ser al ser. Una partícula subatómica de protoplasma humano emergió del Espíritu, y así ocurrió todo aquello que fue necesario para la jornada que llamamos vida. Tomó lugar una fuerza invisible que yo llamo impulso futuro, completando nuestras características físicas. Todo fue dispuesto: nuestra altura; forma corporal; color de ojos, piel y cabello, las arrugas que un día aparecerían; y por supuesto, el asunto de cuando nuestro cuerpo cesaría de vivir, sin que nosotros tuviéramos nada que ver con todo eso.

En la película *The Shift,* teorizo que si todo lo necesario para la jornada física es suministrado por la nada innombrable, entonces va más allá de mi capacidad hipotetizar que todo lo necesario para realizar nuestro destino también surgió en este momento de transición del no ser al ser. Nuestro Dharma —nuestro propósito esencial de estar aquí— nuestra personalidad, y toda la ayuda que necesitaríamos en el camino, también estarían en este punto microscópico. Si nuestro cuerpo estaba en una jornada que fue totalmente manejada por el gran Tao o Dios, entonces yo diría, ¿ por qué no todo lo demás también?

La característica primaria de esta jornada de nueve meses es lo que yo llamo *entrega total*. No teníamos nada que hacer. De alguna manera, nuestra fuente del ser en su sabiduría infinita lo haría todo. Nosotros y nuestra madre biológica permitimos que el gran Tao hiciera lo que hace. La verdad es que no estábamos haciendo nada; simplemente estábamos siendo hechos. En este viaje de nueve meses, fuimos *vividos* por el Tao. Comprender de dónde venimos y a dónde regresaremos es realmente experimentar el sentimiento de entrega total. Esto significa permitir que la fuerza que todo lo hace, lo haga todo simplemente sin interferencia.

En esos primeros nueves meses de nuestra vida como un punto microscópico, y luego como un embrión en desarrollo, nosotros y nuestra madre practicamos la no interferencia. Nuestra sabiduría natural sabía que lo único que debíamos hacer con el fin de progresar y florecer, ya se estaba llevando a cabo por la fuerza invisible que parecía no hacer nada y sin embargo no dejaba nada sin hacer. No teníamos que preocuparnos de que salieran las uñas ni de sí crecerían en los extremos de nuestros dedos en lugar de detrás de nuestras orejas. Los latidos de nuestro corazón comenzaron justo a tiempo, sin que tuviéramos que ocuparnos de que comenzaran. Al entregarnos y permitir, fuimos formados en la perfección para la cual nos programamos mientras estábamos refugiados en el no ser. La energía responsable de nuestro ser sabía precisamente qué hacer y cuándo hacerlo. Esto es nuestro ser auténtico.

Desde el momento de la concepción, nos descubrimos envueltos en los brazos de la sabiduría invisible e infinita. Permitimos que nuestro verdadero ser se desarrollara según el diseño perfecto inherente en ambos: ser y no ser. Si nos hubiéramos quedado totalmente inmersos en ese estado de conciencia, habríamos permanecido alineados con nuestra fuente. En ese escenario, no habría oportunidad para preguntarse el propósito de nuestra vida. Esa pequeña muestra que fuimos no conocía nada relacionado con acumular, conseguir o tener ambición. Era sencillamente un *ser* permitiéndose a sí mismo entregarse a la fuerza invisible que todo lo administra.

Pero en vez de permanecer en ese estado de permitir y entregar, nos dejamos enganchar por una serie de creencias que colocaron la ambición antes que la permisión. Esa parte de nosotros que proviene de la permisión, la entrega total y el ser... llegó en forma a un lugar en donde la ambición tenía una importancia primaria. Si hubiéramos sido capaces de continuar nuestra vida con lo que llegamos, estaríamos viviendo en los niveles más elevados de la percepción o sea, en la realización de Dios. La iluminación sería nuestra, y parece ser que esa era la intención. Como dijo Jesús: "Les aseguro que el que cree en mí hará también las obras que yo hago, y aun mayores"(Juan 14:12); y:"¿No está escrito en vuestra ley: 'Yo dije: Sois dioses'?" (Juan 10:34). En efecto, provenimos de Dios y, por lo tanto, también somos Dios.

La realidad parece ser que todos estamos propensos a cambiar hacia la ambición en una forma que insistimos en dirigir. La posibilidad es que todos tenemos la elección de cambiar entonces hacia el significado y así completar nuestro regreso al lugar que yo llamo "De". En el siguiente capítulo, hablaremos de la fase de la ambición.

■ ■ ■

A continuación veremos un resumen y sugerencias para recuperar nuestra "Originalidad":

— **La nada.** Permítase disfrutar del silencio y la meditación. Incluso si no sigue una práctica de meditación estructurada, disfrute del tiempo para saborear el silencio. Apague todo aquello que produzca ruido en su hogar y en su auto. Encuentre tiempo para estar en la naturaleza lejos de los sonidos humanos. Aprenda a tratar sus jornadas internas como un espacio sagrado, pasando momentos repetidamente de entrega total física y mental. Libérese de preocupaciones, planes, pensamientos, recuerdos, consideraciones, expectativas, deseos o remembranzas. Libérese conscientemente de toda sensación física que advierta. Haga una cosa a la vez. Entre en un estado en donde dejen de existir sus posesiones, su familia, su hogar, su trabajo y su cuerpo. Experimente la gloria interna de la nada.

Cuando salga de su silencio, comience el proceso de desapego regalando literalmente algo que no use por lo menos una vez al día. En la nada, encontrará mayor intimidad con su Fuente del ser.

— **El uno.** Comience por verse a sí mismo como conectado con todas las personas que encuentre valorando y amando la parte suya que fluye a través de toda vida. Sienta su conexión con toda la naturaleza y practique no juzgar y amar, comenzando por usted mismo. Esto significa que cuando se siente ofendido o molesto, en vez de dirigir su atención hacia la persona o incidente externo, advierta qué es lo que *usted* está sintiendo, y en qué parte de su cuerpo lo siente. Dirija de nuevo su atención de las circunstancias externas hacia el examen de cómo siente su cuerpo esa molestia en particular. Así es como usted comienza a practicar el uno. Programe su barómetro interno en el amor y la aceptación para los sentimientos que está experimentando. Recuerde que usted es uno con Dios, por lo tanto *usted* es amor. Eso es todo lo que tiene que ofrecer; comience entonces por amar las partes en usted que están dolidas, ofendidas o molestas.

Cuando integre todo su ser, ensamblando las partes que lo constituyen en el uno que es usted, descubrirá la imposibilidad de que su ser esté separado de alguien más en nuestro planeta. Simplemente reconociendo los momentos de ira o molestias como oportunidades para conocerse mejor, para perdonarse y amarse, ampliará la percepción del uno que usted es. Practique el uno, y el amor fluirá naturalmente hasta incluir a aquellos a quienes había juzgado previamente.

— **Entrega total.** Practique el arte de permitir. Observe su cuerpo mientras pasa a través de sus movimientos. El cabello con canas o cayéndose, la flacidez de la piel... los pequeños cambios que ocurren por sí mismos, independientemente de su opinión al respecto. Luego practique el mismo tipo de no interferencia con su familia, sus amigos, sus colegas, con todos. Los Beatles lo entendieron: si deja que las cosas fluyan, habrá una respuesta (*Let it be*). Esto es la entrega total. Este es el arte de renunciar a su necesidad de controlar su mundo y a todos los que están en él.

Como venimos diciendo por muchos años todos los que pertenecemos al movimiento de recuperación del alcoholismo: "Entrégate y permite entrar a Dios". Cuando practica a diario la entrega total, todo empieza a tener sentido. Usted proviene de un hogar de bienestar, amor, amabilidad, suavidad, alegría y pureza. Esta es su "Originalidad". Entréguese a ella. Cuando me descubro queriendo controlar mi destino, me digo a mí mismo: "¡Entrégate, Wayne. Suelta las riendas y entrégaselas a Dios!". Intente esto usando su propio nombre ¡funciona!

Mis esfuerzos por describir de dónde provenimos están descritos en el verso 21 del Tao Te Ching:

La virtud mayor es seguir el Tao y sólo el Tao.

El Tao es evasivo e intangible.
   aunque amorfo e intangible,
      da origen a la forma.
   aunque vago y evasivo,
      da origen a las figuras.
   aunque oscuro y opaco,
      es el espíritu, la esencia,
   el aliento vital de todas las cosas.

A través de los tiempos, su nombre ha sido preservado,
   para recordar el comienzo de todas las cosas.
¿Cómo conozco la forma de todas las cosas al comienzo?
Busco en mi interior y lo que hay dentro de mí.

■ ■ ■

Cierro este capítulo de su "Originalidad" citando mi pasaje favorito de *Un curso de milagros* (páginas 543 a 546). Nos recuerda que saber de dónde venimos es una función de *recordar*, ya que no descubriremos los misterios de nuestro origen espiritual, a menos que nos transportemos a un lugar en donde, en efecto, *recordemos* nuestra Fuente del ser, aquí mismo, en este momento:

El *recuerdo* de Dios aflora en la mente que está serena. No puede venir de donde hay conflictos, pues una mente en pugna consigo misma no puede *recordar* la mansedumbre eterna. Lo que tú *recuerdas* forma parte de ti. Pues no puedes sino ser tal como Dios te creó... Deja que toda esa locura quede des-hecha y vuélvete en paz al *recuerdo* de Dios, el cual brilla aún en tu mente serena.

Estudie este pasaje cuidadosamente y descubrirá el misterio que es la verdadera Fuente del ser. Manténgase en silencio, libérese de los conflictos, sea pacífico y recuerde la eterna delicadeza que reside en su interior.

■ ■ ■   ■ ■ ■

LA SIMPLE AMBICIÓN...

"Toda infelicidad es debida al ego.
De él provienen todas tus desgracias.
Si negaras al ego y lo quemaras,
ignorándolo, serías libre..."

— Ramana Maharshi[1]

Antes del momento del nacimiento, y antes de que nuestra fase de la ambición comienza, cada uno de nosotros está completamente alineado con Dios o el Tao —o cualquiera que sea el nombre que elijamos para llamar a la Fuente de nuestro ser— . En esa etapa de formación de nuestra "Originalidad", la ambición no es algo que sopesamos: no tenemos metas ni aspiraciones. No hay nada que tengamos que hacer ni nada de qué preocuparnos, nadie a quien debamos impresionar o vencer..., lo único que debemos hacer es simplemente *ser*. Nuestra existencia en la experiencia de "De" es precisamente lo que nuestra Fuente del ser había propuesto para nosotros: libres de toda interferencia. Somos nuestro ser auténtico. En esa etapa, para la mayoría de nosotros, es lo más semejantes a Dios que hemos llegado a ser.

En la película *The Shift*, describo cómo nos alejamos de nuestro ser auténtico (nuestra divinidad), y adoptamos un ser falso. Venimos a este mundo como una creación perfecta, pero por muchas razones, nos sentimos motivados a dejar atrás este ser auténtico y asumir uno falso. Nosotros, y las personas responsables de nuestra crianza, a menudo no toman en cuenta que nuestro destino y todo lo que necesitamos para realizar nuestro Dharma está integrado en nuestro interior. Con buenas intenciones, nos convencen de convertirnos en un ser diametralmente opuesto a quienes somos verdaderamente.

La naturaleza de nuestro ser falso

Imagínese una criatura en el proceso de su jornada de desarrollo para convertirse en forma aquí en la tierra, aprendiendo y creyendo que es algo diferente a lo que vino a ser. Pongamos el ejemplo de un cachorro de hiena a quien le dicen sus padres que en realidad no es una hiena. A este cachorro se le prohíbe seguir su inclinación natural de retozar, afilar sus colmillos, acechar a sus presas, correr con la manada, cazar en grupo, hacer ruidos y rumiar los cadáveres de los animales que mata.

En lugar de eso, los padres de la joven hiena le han dicho que deje ese extraño comportamiento de reírse y aullar, y que permanezca quieta mientras las otras hienas cazan; en otras palabras, ella debe creer que es algo que no es. El punto es que todo aquello que forma parte de la creación tiene un Dharma. Ningún animal, ave, insecto, pez o planta, puede cultivar un ser falso ni creer que es algo distinto al propósito de su Fuente creativa. Todavía no hay evidencia para dudar de aquello que Emerson una vez dijo en su diario: "Todos los pensamientos de una tortuga son tortuga". Emerson estaba tratando de explicar lo mismo que yo: todas las criaturas de Dios son auténticas y sólo pueden ser el propósito de su Dharma. ¿Son los seres humanos una excepción al propósito divino? Algunos aspectos de nuestro desarrollo nos hacen preguntarnos eso.

No nos seguimos desarrollando según lo determinó la creación, de la misma forma que lo hicimos esos primeros nueve meses dentro del vientre de nuestra madre. Después de este período de desarrollo, fuimos recibidos por nuestros padres, una cultura, y una multitud de personas bien intencionadas representando intereses religiosos, educativos y comerciales. Nos sostuvieron en sus brazos y admiraron el milagro de la creación, y miraron hacia el cielo diciendo: *¡Señor, qué gran obra! Absoluta y sorprendentemente perfecta. ¡Gracias, gracias, gracias!* Pero, *de ahora en adelante, nosotros nos ocuparemos de todo.* Así comenzó nuestro cambio radical hacia el mundo raro y retorcido de la ambición.

Nos entrenaron usando un triciclo metafórico para convertimos en seres adiestrados en el esfuerzo vigoroso de convencernos de que no somos una parte de la conciencia Divina. En el proceso de cambio para convertirnos en parte del mundo de la ambición, aprendimos a aspirar a algo totalmente ajeno a nuestra "Originalidad". Este camino hizo que nos identificáramos otra vez en formas que ¡ninguna hiena o tortuga jamás hubieran imaginado!

El cambio a la ambición requiere que los humanos cultiven un ego, que excluye a Dios. Estamos entrenados a creer que lo que verdaderamente somos es aquello que nuestro ego nos convence que es nuestro ser verdadero. Pasamos más de la mitad de nuestra vida, en promedio, creyendo y confiando en el entrenamiento por el que pasamos respecto a la importancia de tener ambición. El siguiente cambio radical es cuando comprendemos que un ser falso solamente ofrece promesas vacías y una garantía de auto reproche e inutilidad (lo cual trataremos en los siguientes dos capítulos).

Por ahora, observemos lo que enseña el ser falso mientras recorremos el sendero del ego y aprendemos a creer en la importancia de la ambición como una manera de definir quienes somos.

Asumiendo un ego

Al surgir del mundo del espíritu en el momento del nacimiento, comenzamos la peligrosa jornada de adquirir una identidad que es virtualmente opuesta a nuestro ser verdadero. Llamo a este desarrollo del ego o del ser falso la "etapa de la ambición". Es un contraste muy grande con nuestra "Originalidad", en donde la ambición era desconocida, en gran parte porque simplemente permitíamos que nuestro ser fuera vivido por el gran Tao. Así comienza la jornada de no ser nadie —de sentirnos contentos con nuestro estado de no ser nadie— a estar inmersos en un currículum que mi amigo Ram Dass llama "el entrenamiento de alguien". El ego insiste en que vayamos de la nada a algo, de no ser nadie a ser alguien, de la unicidad a la dualidad, de la unidad a la separación. Es en esta jornada en donde se requiere dejar a Dios fuera y aprender a creer en un ser falso; la misión número uno del ego en esta etapa es eliminar nuestro estado de nadie animándonos hacia la ambición y a crear una nueva (aunque falsa) identidad.

La cita que abre este capítulo nos presenta al ego como la causa de nuestras desgracias. Si deseamos conocer la felicidad pura y llevar una vida gloriosa, debemos hacer lo que Sri Ramana Maharshi dice y aprender a *quemar* al ego ignorándolo. Pero el ego es adepto a resistir nuestros esfuerzos de ignorarlo, y hará todo lo posible para evitar que sacrifiquemos nuestro estado de ser alguien. El ego desea que seamos ¡alguien más importante que los demás!

He aislado seis componentes del ego, del ser falso. Son lo que nuestro ego nos dice para convencernos de que somos algo más, algo distinto a ese nadie que hubiéramos seguido siendo. Comenzando en la infancia, y por medio de algún tipo de entrenamiento, hemos aprendido a creer en ellos.

A continuación vemos una explicación detallada de cada una de las seis mentiras que el ego desea que creamos:

1. "Soy lo que poseo"

Desde muy temprano, uno recibe el mensaje de que no tener nada es equivalente a no tener ningún valor como persona. Mientras crecemos creyendo en este componente de la identificación del ego, aprendemos que cuanto más cosas acumulamos, más importantes somos. El concepto propio se transforma de sentir que somos valiosos porque existimos como una parte de Dios, en una evaluación de nuestro valor basándonos en cuántos juguetes tenemos, su valor monetario, y qué tan prestigiosos se supone que sean, según otras personas que también son alguien en nuestra cultura.

En la película *The Shift,* una pareja adinerada, que posee muchos juguetes costosos y se vanagloria de sus automóviles, valiosos atuendos, mansiones, membresías de clubes exclusivos, evalúan su éxito en la vida según el extenso inventario de sus posesiones. No obstante, está claro que también poseen un sentido igualmente desproporcionado de sus propios seres. Cuanto más acumulan, más deben preocuparse por sus bienes materiales, lo cual da como resultado necesitar aún más cosas, y así sigue este ciclo interminable. Esto finalmente culmina en un momento muy emotivo de la película en donde el esposo comienza a preguntarse si toda su vida ha sido un error.

Es una pregunta imperativa que debemos considerar. ¿Qué tal que hayamos pasado toda nuestra vida buscando símbolos del éxito, recolectando más cosas y siempre luchando para tener algo más grande y mejor que nuestros vecinos? El mantra del ego es *más*. Parece gritarnos desde nuestro interior: "Serás feliz una vez que ganes algo más, algo más costoso, algo que te dé prestigio y poder". Esta mentalidad de acumular comienza con nuestros juguetes de la infancia, si no recordamos nuestra propia infancia, podemos ver y escuchar una representación de cómo es expresada por los niños pequeños en la actualidad: "¡Estos son *mis* juguetes! ¡Eso es *mío*!".

Cuando nos convertimos en adultos, nuestras versiones de juguetes más grandes y más costosos representan nuestro éxito. Cuando perdemos o tememos perder estas posesiones, sentimos que disminuye nuestro valor como seres humanos. Lo mismo ocurre cuando alguien tiene más que nosotros, o cuando no podemos darnos el lujo de adquirir más cosas. El problema que existe con ésta mentalidad de evaluarnos nosotros mismos, según lo que adquirimos, es ésta: *si somos lo que tenemos, entonces cuando no tenemos, ¡no somos!*

El ego es un tirano tenaz. En lo que le concierne, nuestro propio valor está en juego. Por supuesto que sabemos que venimos aquí sin nada, y que no nos llevaremos nada con nosotros cuando nos vayamos. No obstante, durante nuestra vida, el ego se las arregla para aprisionarnos. Si se lo permitimos, nuestras cosas materiales nos gobiernan y determinan nuestro valor. No es inusual que aquellas personas, cuya identidad depende de los valores del ego, caigan en depresión o incluso se suiciden cuando temen perder o pierden sus cosas materiales. Una de mis frases favoritas del Tao Te Ching nos recuerda que lo que logramos conseguir nos causa más problemas que lo que perdemos; y que si nos sentimos satisfechos, jamás sufriremos desengaños.

Este tipo de mentalidad no le cae bien al ego, porque es nuestra parte que cree que nuestra propia esencia está vinculada a lo que tenemos, y no podemos estar satisfechos cuando nos quitan nuestras cosas materiales. Esta es la razón por la que muchas personas luchan por tener más y se sienten descontentas y angustiadas, y terminan viéndose a sí mismas como fracasados cuando el inventario de sus cosas materiales disminuye de alguna manera.

De dónde venimos y a dónde regresamos es un lugar en donde las cosas materiales no son necesarias para sentir alegría y felicidad. Aquello que nos hizo llegar a ser un feto y un niño inocente, también nos ofreció un gran sentido de realización.

Solía observar a mis hijos más pequeños expresar gran alegría cuando jugaban con una caja de cartón, un carrete de hilo o unas servilletas de papel. Se quedaban absortos observando el vuelo de una mariposa o una minúscula hormiga caminando sobre la acera. Se llenaban de asombro ante prácticamente cualquier cosa que apareciera ante su campo de percepción. Esto es algo que aún permanece de nuestra "Originalidad": nosotros también éramos así. Deberíamos aprender de memoria el consejo del poeta persa Rumi: "Vende tu astucia y compra asombro".

Nuestra obsesión con poseer más y más y luego ostentar nuestras posesiones, es una indicación de hemos permitido que nuestro ser falso se convierta en la fuerza dominante de nuestra vida. Cuando el ser falso nos define, significa que somos definidos por algo que no es verdadero. Es una forma de bancarrota espiritual que rige nuestras vidas. Aquello que somos no tiene nada que ver con cosas y ni siquiera con nuestro ser físico. No necesitamos nada para verificarnos o validarlos. Somos expresiones infinitas e individualizadas de Dios, punto final. Las cosas y la supuesta propiedad de cosas no confirman lo que somos. *Somos lo que tenemos* es la falsa creencia del ego, alentada por nuestra cultura.

2. "Soy lo que hago"

A temprana edad, aprendemos que lo que hacemos y lo bien que lo hacemos puede ser usado para definirnos de una forma favorable. *¡Sólo tiene seis horas de nacido y mira ya cómo me agarra el dedo! Me miró a los ojos; ¡es* *tan despierto! A los tres meses ya recogía su juguete y lo sostenía en sus manos. El bebé dio sus primeros pasos. La niña dijo sus primeras palabras.* Hay miles de cosas como éstas que hacen que merezcamos elogios y que sepamos lo especiales y maravillosos que somos. Todo esto es la obra del ego luchando por dirigirnos. Aprendemos que haciendo cosas —especialmente si las hacemos antes y mejor que otros— produce recompensas. Aprendemos a ser un ser *haciendo,* en vez de un ser *siendo* (aquel que sólo tiene que *ser*). Un humano haciendo es evaluado por lo que hace según se compara con los demás haciendo lo mismo. Mi propósito con esta observación no es ser crítico ni juzgar. Sólo deseo señalar que tener la ambición de hacer algo en la vida fue una máxima prioridad en nuestros años de desarrollo.

Con cada tarea que llegamos a dominar (tal como gatear, caminar, hablar, aprender a usar el baño, montar un triciclo y luego una bicicleta, y aprender a amarrar los cordones de nuestros zapatos), asumíamos una identidad que nos decía: "Cuando haces cosas —y las haces mejor y antes que los demás— eres valioso". Nos recompensaban por nuestros logros con alabanzas, dulces, dinero o lo que fuera que una familia en particular usara para premiarnos.

Repito, siento la necesidad de señalar que no es malo que nos hayan enseñado a hacer cosas; sencillamente enseña al aspirante a ser humano, a creer en el mensaje personalizado del ego que dice: "Eres lo que haces", lo cual es absolutamente falso. Tú *no* eres lo que haces. Si jamás hiciste nada en toda tu vida, sigues siendo un ser espiritual teniendo una experiencia humana, en vez de lo contrario.

El ego anhela la confirmación de nuestro valor por medio de indicadores; el espíritu funciona según una base totalmente diferente. El *Hogar* está más allá del ego, como lo dice la entidad espiritual conocida como Emmanuel:

> *Tu mente no conoce el camino*
> *tu corazón ya ha estado ahí.*
> *Tu alma jamás lo ha dejado.*
> *Bienvenido a casa.*[2]

Nuestras primeras enseñanzas nos convencen de que lo que somos es definido según nuestros logros. Nuestro sistema educativo enfatiza los logros, reforzando incluso más esta idea. *Si no has ganado una medalla de oro,* se interpreta fácilmente como que *no vales como persona.* Cuando fallamos un examen, nuestro sentido personal es un sentimiento de fracaso, y ese tipo de conceptos que fortalecen al ego se convierten en nuestra realidad. Desde los primeros años escolares y hasta el posgrado, los mensajes son similares: somos definidos por lo bien que hacemos las cosas. Si no las hacemos bien, somos etiquetados como "alumnos no aplicados". El concepto de la ambición como un indicador de cuánto valemos, tanto a los ojos de nuestros semejantes e incluso en la mente de Dios, está firmemente impreso en nuestra conciencia.

Estas ideas se trasladan a cada aspecto de nuestro ego en desarrollo. El dicho popular "ganar no lo es todo, es lo único que cuenta", hace que la mitad de los competidores se conviertan en perdedores, puesto que cada competencia puede tener un ganador pero también debe tener un perdedor. En todas las áreas de la vida, lo que hacemos tiende a definir nuestro valor. El artista cuyo portafolio es juzgado inferior al de otro artista, a menudo siente que vale menos también como ser humano. El cantante que no llega a ser número uno en alguna categoría, siente que vale menos.

El entrenamiento del ego continúa en la edad adulta, a menudo erradicando cualquier concepto personal basado en nuestra divinidad como una parte de Dios que provino de la inercia y se dirige hacia la inercia. El entrenamiento del ego contribuye a un concepto personal que hace que nos marchitemos poco a poco hasta llegar a sentir nuestra insignificancia al ver nuestro mísero portafolio en contraste con el de aquellos que han logrado más. La verdad es que no tenemos que hacer nada con el fin de validarnos como valiosos y dignos. Si no hiciéramos nada y sólo fuéramos semejantes a Dios, realizaríamos nuestro propio Dharma. Irónicamente, es muy probable que llegaríamos a conseguir un currículo mucho mayor y más impresionante.

En este preciso momento, estoy escribiendo sin premeditación. Así es. Simplemente dejo que las ideas fluyan a través de mí y en la página. No estoy ocupado escribiendo, tratando, esforzándome, trabajando ni *haciendo* ninguna otra cosa. Simplemente, estoy dejando que fluyan las ideas y permitiendo a Dios, así como lo hago con mi corazón, mis pulmones, mi sistema circulatorio y todo aquello que comprende mi parte física. Me permito ser, no pensando en grande ni programando metas gigantescas, sino recordando el consejo de Lao-Tsé en el Tao Te Ching:

La práctica del Tao consiste en disminuir a diario
cada vez menos, hasta no hacer nada.
Cuando nada se hace, irónicamente, nada queda sin hacer.

La verdadera maestría del mundo se consigue
dejando que las cosas tomen su curso natural.
No puede obtenerse interfiriendo.

En efecto, esto es paradójico, y señala precisamente la forma en que toda la creación se lleva a cabo. Dios no está haciendo nada, no obstante, no deja nada sin hacer. Si disuadimos al ego *quemándolo al ignorarlo,* logramos lo que vinimos a hacer y ser aquí: *siendo* en vez de *haciendo.* Nuestras uñas crecen, nuestra comida se digiere, y nuestro corazón late sin que hagamos nada para que esto ocurra.

En la película *The Shift,* David, el frustrado director de cine, ilustra el concepto del cual estoy escribiendo ahora. Su personaje representa los problemas que surgen a raíz de sus creencias basadas en el ego: *Soy lo que hago.* Si él no logra realizar su película, no sólo pierde su felicidad, sino también su alma. Es sólo cuando David comienza a dejarse fluir, a tomarse unos cuantos momentos para estar presente *en* el presente y a permitir que fluyan las ideas que se enseñan en la película, que la *magia* comienza manifestarse. Repito lo que se convertirá en un tema familiar: *Si somos lo que hacemos, entonces cuando no hacemos o no podemos, no somos.* Creo que tenemos que prestar atención especial a este punto.

La mayoría de las personas que han sido criadas en el mundo moderno se sienten escépticas ante la idea de no hacer nada. Estamos acostumbrados a la ambición, y particularmente en su expresión de "hacer más". No obstante, debemos considerar los aspectos muy reales y problemáticos de creer que somos lo que hacemos.

En la película, David pierde su autoestima debido a las enseñanzas del ego. Se deprime y se siente totalmente perdido, todo porque aceptó la idea de las enseñanzas del ego que le dicen que es definido como un individuo valioso según sus logros. Para David no tener el proyecto de la película que él desea, le produce la sensación de que no es una persona valiosa. Es una falsa conclusión basada en la vivencia del ser falso.

Éste es el peligro de escuchar al ego en vez de a nuestro ser auténtico. Cada vez que sentimos que hemos fallado, ponemos en riesgo nuestro valor como ser humano. Si estamos enfermos o heridos y no podemos hacer las cosas según nuestros estándares, también nos convertimos en candidatos para la depresión o estamos susceptibles a una multitud de enfermedades físicas. Mientras pasamos por el proceso de observar nuestro cuerpo envejecer naturalmente, advertimos una disminución gradual de nuestras habilidades físicas. Es altamente probable que los miembros de la generación que nos sigue nos superen en nuestros logros, lo cual ocurre rutinariamente en los deportes competitivos tales como la natación y los maratones. A fin de cuentas, al dejar de ser capaces de seguir haciendo como antaño, al parecer hace que nuestro valor como humanos que "hacemos" se haya evaporado. Este escenario es solamente verdadero si escuchamos a nuestro falso maestro: el ego.

He llegado a la edad a la que muchos se refieren como el "momento de retirarse". Pero he practicado por varias décadas a quemar a mi ego a este respecto. Yo no soy mi trabajo. Yo no soy mis logros. Yo no soy mi currículum. Vivo, respiro y trabajo desde mi ser auténtico. Como he dicho aquí, y en muchos de mis escritos previos, yo no *hago* el acto de escribir, yo *soy* mis escritos y mis escritos son mi ser. Sencillamente, sigo el consejo de Lao-Tsé de dejarme vivir por el gran Tao que anima todas las cosas sin hacer nada. Siendo éste el caso, ¿Cómo es siquiera posible el concepto de retirarme? ¿Cómo puedo retirarme de lo que soy? Y quien soy permite que se lleven a cabo mis escritos, mis conferencias y todo lo demás que realizo.

Mi consejo para vencer las suposiciones del ego de que somos lo que hacemos es vivir desde nuestro ser más auténtico. Luego cuando seamos capaces, debemos reemplazar la ambición por el significado. Cuando nos transformamos hacia el significado, vemos lo absurdo que era siquiera considerar retirarnos de lo que somos. Siempre he apreciado la observación de Picasso sobre la evaluación de nosotros mismos según lo que hacemos: "Mientras trabajo" —decía— "dejo mi cuerpo detrás de la puerta, semejante a como los musulmanes se quitan sus zapatos antes de entrar a la mezquita". [3] Podemos considerar así nuestro trabajo, dejando nuestro cuerpo fuera y dejando que nuestra alma se *haga cargo*.

3. "Soy lo que los demás piensan de mí"

A lo largo de la vida, somos bombardeados por mensajes del ego que intenta convencernos de que nuestro valor proviene de la observación y opinión ajenas. En este caso, también este ser falso proclama como verdadero que algo o alguien externo a nosotros es responsable de nuestra valoración. De nuevo es necesario recordarnos de quiénes somos verdaderamente. Somos partes divinas del todo, expresiones individualizadas de Dios creadas del gran vacío. Nuestro ser auténtico es igual a aquello de lo que provenimos. Nuestra conexión a nuestro ser divino permanece sana y fuerte siempre y cuando reconozcamos y repudiemos la idea falsa de que la valoración de nuestra autoestima es algo externo a nuestro ser.

Por desdicha, es cierto que nos han enseñado desde muy pequeños a creer más en las opiniones ajenas que en las propias. Nuestros padres, hermanos, amigos y maestros —en algunos casos, todo aquel que nos rodea en nuestra vida de jóvenes— son considerados de más alta estima que nosotros. Estamos convencidos de que si alguien en esos grupos nos desaprueba, debemos respetar su punto de vista por encima del nuestro. Esta inmersión en las enseñanzas falsas del ego erosiona gradualmente nuestro sentimiento de valía, haciendo que dudemos de nuestra Divinidad.

La autoestima se deriva de las creencias positivas que mantenemos en nuestro interior respecto a nosotros mismos, no de la aprobación del ego. La guía de supervivencia universal del ego dicta que somos seres físicos sin una esencia espiritual. Se concentra en la falsa idea de que nuestro valor es determinado por lo que los demás eligen pensar de nosotros. Si verdaderamente sabemos quiénes somos, podemos ignorar esos mensajes del ego y sencillamente considerar la opinión de nuestros semejantes tal como lo que es: simplemente su opinión.

Por desdicha, el ego intenta (con mucha frecuencia, con bastante éxito) esquivar la conciencia de nuestra naturaleza espiritual. Al no estar conscientes de su influencia, pasamos mucho tiempo intentando obtener la aprobación de todo aquel que conocemos. Cuando no conseguimos esta aprobación, comenzamos a interiorizar aquellas evaluaciones externas y a pasar gran parte de nuestra vida intentando ser lo que pensamos que alguien más desea que seamos.

Creer que lo que somos es definido según lo que otras personas piensan de nosotros, impide la espontaneidad alegre de nuestros seres auténticos. Si los demás nos desaprueban y sus opiniones nos definen, nos modificamos o nos sentimos disminuidos. Nuestra imagen está localizada en ellos, y cuando ellos nos rechazan, ya no "somos" en absoluto. La forma del ego de lidiar con este dilema es adaptarnos a las opiniones ajenas. Si alguien piensa que somos estúpidos, intentamos convencerlo de que piense lo contrario tratando de ser la persona que quiere que seamos. Cesamos de existir excepto como un reflejo de la opinión ajena.

El hecho es que lo que usted es no tiene absolutamente nada que ver con ningún pensamiento ni opinión que exista en otra persona en este mundo. Punto. Esa persona cuya aprobación usted busca desesperadamente puede cambiar de idea mañana; y en vez de pensar que usted es inteligente, talentoso y hermoso..., podría decidir que usted es un tonto con quien es aburrido estar. Si usted escucha su ser auténtico, no se sentirá afectado en absoluto por tales juicios. Sin embargo, si el ser falso domina su pensamiento, será afectado profundamente. Esta es la forma en que el ego intenta seducirlo para que usted no tome en cuenta a su ser auténtico.

Cuando buscamos la aprobación, como el principio que guía nuestra vida, es prácticamente imposible lograr una relación amorosa con otro ser humano. No podemos dar lo que no tenemos. No podemos dar amor y respeto a los demás cuando tenemos que encontrarlo para nosotros en los juicios ajenos. El ego contribuye a un estado constante de miedo, confusión e infelicidad.

¿Qué tiene que ver esta búsqueda de aprobación y baja autoestima con la ambición? La respuesta breve es que nos han enseñado a buscar la aprobación y la validación de prácticamente todas las personas que están en posición de autoridad a lo largo de nuestra vida con la máxima ambición posible. La ambición casi siempre significa poner su propia vida y opiniones en un segundo plano. Aprendemos a complacer a los padres, maestros y profesores, figuras autoritarias y jefes. Y, ¿cómo se logra esto? Clasificando sus opiniones por encima de las nuestras. Esto es un proceso que es ejecutado cada día, mes y año, a menudo en un nivel subconsciente. El resultado es un ser falso basado en el ego.

Cuando anteponemos las opiniones ajenas a nuestra propia valoración, negamos la propia sabiduría que nos ha creado. Cuanto más integramos estas creencias egoísticas, más tendemos a creer en nuestra propia auto-importancia. Nuestro deseo de acumular y lograr el éxito, a fin de cuentas, termina haciendo que olvidemos que nuestro valor intrínseco es nuestra conexión con nuestro ser espiritual. Es decir, nuestra conexión con nuestra Fuente del ser se oscurece para dar paso a las ideas complacientes del ego de que ¡somos lo que los egos ajenos piensan de nosotros!

Esta ha sido una lección muy importante para mí a través de los años. Cuando hablo o escribo, encuentro opiniones que varían de la mía. Sé que si hablo ante mil personas, habrá mil opiniones distintas de mí en esa audiencia. Mi reputación no está localizada en mí sino en las personas que leen y escuchan lo que tengo que decir. En consecuencia, he aprendido a no preocuparme por mi reputación. Puesto que no está localizada *en* mí, coloco mi atención en mi propia personalidad, en vez de en la forma en que los demás me ven. Mi relación primordial en la vida es con mi Fuente del ser (con Dios, si así lo prefieren). "No supongas que alguien pueda tener fe verdadera en Dios si no tiene fe en sí mismo", es un dicho de Paramananda, con el que estoy plenamente de acuerdo. Si elijo renunciar a la fe en mí mismo escuchando las súplicas de mi ego, entonces no puedo tener fe en mi Fuente del Ser: están siempre entrelazadas.

Estos tres primeros componentes del ego *(quien soy es lo que tengo, lo que hago y lo que los demás piensan de mí)* se enfocan en el deseo del ego de incrementar nuestra creencia de que este universo se refiere sólo a nosotros, así también como que somos clasificados según la cantidad de cosas materiales que acumulemos, lo mucho que logremos, y qué tantas medallas al mérito nos arreglemos para conseguir. Es decir, nuestras adquisiciones, logros y reputaciones son nuestro significado primario.

Los siguientes tres componentes de nuestro ego están organizados alrededor del deseo de destacarnos como originales, únicos y diferentes de todos y de todo lo demás en el universo.

4. "Estoy separado de todos los demás"

En el sentido del ego, la ambición desea que creamos que somos lo único que importamos. Si somos muy bien adoctrinados en esta creencia del ego, es muy difícil considerar la idea de que la tierra existe sin nosotros, o en primera instancia, ¡que la tierra tenga una razón para estar aquí! La palabra clave en estos tres componentes finales del inventario del ego es *separación*.

Si creemos que estamos separados y somos distintos de todos los demás, cumplimos con el programa del ser falso. Pero recuerde que nosotros surgimos del no ser, caracterizado por el uno. Permita que esta frase de Thomas Merton se asiente en su interior: "Ya somos uno. Pero imaginamos que no lo somos. Y lo que debemos recuperar es nuestra unidad original". Las palabras de Merton suenan verdaderas, pues niegan el edicto del ego insistente de la separación.

El ego insiste en la separación porque esa es su forma de menoscabar la lealtad hacia el ser auténtico. Cuando reconocemos y respetamos nuestra conexión mutua, el aire que respiramos, el agua que tomamos, y el sol que nos calienta; y por encima de todo, la Fuente invisible que nos anima, el ego puede regresar a su espacio apropiado.

La aseveración de Ramana Maharshi de que "no hay nadie más" es una idea deliciosa y provocativa, y para mí, lo que eso hace, en esencia, es dejar al ego completamente fuera. El ego sobrevive y prospera basado en nuestra creencia de la separación de los demás. La separación sirve como un factor que nos motiva en nuestra jornada de ambición, pues nos hace ejercitar la mentalidad de comparación con ideas tales como: *Soy más bonita, más inteligente, más talentosa, mejor actriz* y similares. Con esta actitud firmemente arraigada, nos dedicamos a probar nuestra superioridad con relación a los demás. Si estamos conscientes de que no existe dicha separación (no existe nadie más), no necesitamos comprobar nuestra superioridad.

En contraste, cuando nuestra conexión con los demás domina nuestras creencias, no necesitamos derrotar a nadie, luchar por lo que identificamos como nuestros derechos, librar una guerra, aprovecharnos de los demás, ni tratar continuamente de ser alguien a quien consideremos un ganador. Más bien, ver la manifestación de Dios en cada uno significa que no hay conflictos, pues nos vemos en los demás. Comprendemos la sabiduría en esta observación: *Cuando juzgas a los demás, no los defines; más bien, te defines a ti mismo como alguien que necesita ser juzgado.* Somos incapaces de comprender la idea de "enemigos", y en consecuencia incapaces de participar en cualquier asesinato o en una guerra de cualquier tipo con la humanidad. Como a los nativoamericanos les encanta decir: "No existen ramas de un árbol tan insensatas como para pelearse entre ellas".

Al estudiar la historia de la humanidad se revela que hemos estado en guerra con cada una de las ramas del mismo árbol por más del 95% de la historia escrita. Éste es el resultado del ego convenciéndonos de que estamos separados y tenemos que luchar, controlar y vencer a "otros" que viven del otro lado del río, hablan un lenguaje diferente, practican una religión distinta o tienen actitudes culturales diferentes. La competitividad, las peleas, los desfalcos, el odio y conflictos de todo tipo se derivan del ser falso que el ego crea cuando le permitimos que nos convenza de que debemos preservar la ilusión de nuestra separación.

La ambición es a menudo un impulso para lograr la excelencia al tratar de ser superiores a "ellos". La realidad es que ellos somos nosotros disfrazados de *ellos*. En vez de notar nuestra unicidad, nos enfocamos en las diferencias que el ego perpetúa. Como lo relata Lao-Tsé en el Tao Te Ching:

> *No hay mayor pérdida*
> *que el sentimiento de: "Tengo un enemigo",*
> *pues cuando "yo" y el "enemigo" coexisten,*
> *mi tesoro se oscurece.*

El tesoro es la fuerza universal unificadora que está en todas las cosas: el Tao omnisapiente.

En lo relacionado con la necesidad del ego de creer en la separación, los textos Upanishads dicen: "Cuando para un hombre que comprende, el Ser se ha convertido en todas las cosas, ¿qué desgracia, qué problema puede ocurrirle una vez que ha percibido en sí esa unidad?". Esto es lo que se ilustra en la película *The Shift*. Chad, el ejecutivo de negocios, es un creyente tan ferviente en su separación que maneja su compañía sin ningún tipo de respeto por el impacto sobre los demás o sobre el ambiente. No obstante, hacia el final de la película, comienza a advertir el espíritu con el cual Joe, el propietario del hotel en el que Chad y su esposa se están quedando, sirve a los demás.

5. "Estoy separado de lo que me hace falta en mi vida"

Un cuento antiguo relata la historia de un joven que vivía en una pequeña aldea. Este joven poseía las cualidades de un avatar, las personas se sanaban simplemente en su presencia. Muchos de los aldeanos hablaban de su habilidad para bilocarse, o sea estar en dos lugares diferentes al mismo tiempo. Su semblante estaba lleno de paz, e irradiaba tranquilidad. Los ancianos de la tribu le rogaron a este joven avatar que les dijera los secretos de Dios y del universo. Un anciano le alegó: "Te daré una naranja si me dices dónde está Dios". El joven santo respondió sin dudarlo: "Y yo te daré dos ahora mismo si me dices en donde *no está* Dios".

El quinto componente del ego, nuestro ser falso, rehúsa creer que no existe ningún lugar en donde Dios no esté. (*Dios* es la palabra que yo uso aquí para referirme a la Fuente creativa responsable de toda la creación). El ego tiene un interés especial en que creamos que hay cosas que nos hacen falta en nuestra vida. Insiste en que no estamos conectados a una Fuente creativa invisible porque obtiene su identidad al alejar a Dios de nuestras vidas. Si comenzamos a creer que estamos conectados permanentemente a Dios, la razón de la existencia del ego desaparece. Si no existe ningún lugar en donde Dios no está, entonces Dios está en cada uno de nosotros, así como en todas las cosas que nuestros sentidos interpretan como faltantes en nuestra vida. Esto significa que de alguna forma invisible, estamos conectados con todo lo que percibimos como faltante. La pregunta sería entonces: ¿cómo manifestamos las cosas que deseamos y que parecen no estar disponibles? La respuesta es realineándonos de forma que permitamos que lo que buscamos esté en armonía espiritual con nosotros.

Pero el ego desea que luchemos, que nos pongamos metas, que creamos en las carencias, que compitamos con los demás individuos que también están buscando las mismas cosas, que incluso nos peleamos por esas cosas, y finalmente nos convirtamos en seres insatisfechos y descontentos. ¿Por qué descontentos? Porque el método del ego no permite que logremos vivir en paz y satisfechos en el momento presente y precioso. El método del ego es que seamos ambiciosos en el sentido de siempre buscar, luchar y desear más. El ego usa su fortaleza para estimularnos a que mantengamos el estatus de ser una persona ambiciosa.

El ego define la ambición como una lucha para que seamos mejor que todos los demás, que ganemos a costa de todo, que acumulemos cada vez más cosas y que seamos vistos por los demás como exitosos y brillantes. Obviamente, el ego necesita que rechacemos cualquier idea de que estamos conectados en unicidad con todo lo que existe en el mundo. Más bien debemos probar nuestra alineación con la ambición teniendo metas y objetivos elevados. Cuanto más grandes las metas, mayor estatus adquirimos como hombres y mujeres ambiciosos. Y cuanto más creemos que nuestras metas y planes deben ser grandes, más percibimos lo que nos está faltando.

El ego grita: "¡Lo que tú eres es insuficiente! ¿No te has dado cuenta de que no tienes suficientes cosas? Tus recursos para adquirir todas esas cosas que necesitas para probar tu valor, son escasos. ¡Si tú no los persigues, alguien más llegará primero! Entonces deberás competir con ellos por esa cantidad limitada que hay allá afuera. Estos mensajes nos impiden vivir desde la perspectiva de nuestro ser auténtico.

Nuestro ser real sabe que no necesitamos más cosas para ser valiosos, y que creer que necesitamos algo más para ser felices, se asemeja a una definición de locura. También sabe que no existe la escasez en este universo. Pero el ego siente terror de nuestra creencia de que la abundancia y la satisfacción son fáciles de conseguir. El ego necesita convencernos de que la ambición es una forma sana de apaciguar nuestro descontento con todas las cosas que nos hacen falta en la vida. Pero, ¡jamás borraremos por completo ese descontento! La ambición en el sentido del ego puede significar pasar toda la vida luchando por estar en otro lugar, el cual necesitará instantáneamente ser mejor y cambiado por otra cosa que nos está haciendo falta. Esta loca carrera sin fin continúa, alimentada por la idea de que nunca es suficiente.

No obstante, tenemos el poder de eliminar la loca ideología del ego de que debemos luchar, y más bien vivir en un estado de satisfacción. En el proceso, se aclarará nuestra conexión con todos y con todas las cosas. En vez de luchar por lo que percibimos que nos hace falta, y luego ser incapaces de encontrar satisfacción, podemos relajarnos en armonía con nuestra Fuente del ser. Entonces no será necesario que excluyamos a Dios, puesto que estaremos descansando en la unicidad. Ya no hará falta ese ego conflictivo.

Me parece lógico entonces estipular lo siguiente:

Dios (Espíritu o Tao) está en todas partes.
Por lo tanto, Dios está en mí.
Dios está en todo lo que percibo como faltante.
Conclusión: estoy conectado con el
Espíritu a todo lo que veo
como faltante.
Acción sugerida: Alinearme con el Espíritu
y ver que todo aquello que parece faltante
comienza a manifestarse.

El naturalista John Muir describió este fenómeno de la siguiente forma: "Cuando tratamos de escoger algo por sí solo, descubrimos que está conectado a todo lo demás en el Universo". Sencillamente, debemos prestar atención a esta verdad fundamental, e ignorar la insistencia del ego de que debemos luchar arduamente para conseguir lo que deseamos.

6. "Estoy separado de Dios"

En este sexto componente, el ego sigue describiendo efectivamente nuestras acciones para alejar a Dios de nuestra vida creyendo que no somos iguales a de dónde provenimos. La esencia divina y nuestro ser terrenal permanecen ocultos en compartimientos distintos y separados. El ego se aterroriza de que creamos que somos parte de Dios. Pierde su posición de liderazgo si comprendemos verdaderamente nuestra divinidad. Es natural que una de las funciones primarias del ego sea mantener nuestra creencia en que somos dos entidades muy distintas y separadas.

La conciencia colectiva de la humanidad nos influencia de forma dolorosa e innecesaria haciéndonos creer y actuar en un dios diseñado por el ego. Unos cuantos de los atributos de esta deidad diseñada por el ego son: tiene favoritos, anhela la opulencia, promueve los asesinatos y las guerras en su nombre, acepta indulgencias a cambio de favores especiales, castiga la mala conducta y necesita vengarse. Éstas y muchas otras actitudes ilustran a un Dios creado por las ilusiones del ego colectivo.

A través de la historia, este creador diseñado por el ego y fabricado por el hombre, ha sido caracterizado como separado de nosotros. ¿Quién de nosotros no ha oído hablar de un Dios representado como un hombre blanco y muerto con una larga barba, flotando sobre las nubes en el cielo, con poderes sobrenaturales, observándonos como un portero cósmico que responderá a veces nuestras oraciones, dependiendo de sus estados de ánimo y de si hemos o no obedecido sus reglas? Esta entidad es vista no como una Fuente divina que todo lo provee, sino como un superpoder temperamental que se abstiene de usar sus habilidades para resolver nuestros problemas, curar nuestras enfermedades dependiendo de si está o no de ánimo para garantizarnos favores especiales. Este es un creador del ego, inventado por el ego y dedicado a servir las exigencias del ego. Este es un creador que debe, en virtud de su propio ego, estar separado de aquellos a quienes debe cuidar, controlar y castigar cuando sea necesario.

¿Qué hace falta para deshacernos de este sistema de creencias que tanto nos perjudica? Ciertamente, es simbólicamente atractivo quemar al ego, como sugiere Ramana Maharshi en la cita que inicia este capítulo. En la película *The Shift*, sugiero considerar nuestra relación con Dios o con el gran Tao imaginando al océano como un símbolo de Dios, y a nosotros simbolizados como un pequeño vaso de agua del océano. Si preguntáramos qué hay en el vaso, diríamos: "Un vaso de Dios. No es tan grande ni tan fuerte, pero es un vaso de Dios". Si vaciáramos el vaso de agua sobre la acera, lo veríamos desaparecer al evaporarse. En última instancia, regresaría a su fuente. Mientras el agua del océano está en el vaso, separado de su Fuente, carece del poder del océano. Cuando se reúne con su Fuente, vuelve a ser parte del poderoso océano. El agua en la acera, habiendo perdido la conexión con su fuente, es un símbolo del ego.

■ ■ ■

En la segunda mitad de este libro, descubriremos cómo mantener en forma nuestra conexión con la Fuente y nuestro ser auténtico en este mundo. Aprenderemos a cambiar de la ambición del ego y su inevitable evaporación del poder a la unicidad del gozoso significado, en donde comprendemos que somos mucho más que nuestras posesiones, logros y reputaciones. El cambio al significado elimina nuestros sentimientos de separación e ilumina nuestra conexión espiritual.

■ ■ ■   ■ ■ ■

CAPÍTULO TRES

AL....

"Sin preparación alguna, entramos en la fase vespertina de la vida; aún peor, damos este paso basados en la falsa premisa de que nuestras verdades e ideales nos servirán hasta ese momento. Pero no podemos vivir la fase vespertina de la vida según el programa de la mañana de la vida; pues lo que fue maravilloso en la mañana será poco en la tarde, y lo que fue cierto en la mañana, será falso en la tarde".

Extraído de *Las etapas de la vida* de Carl Jung[1]

El título de este capítulo significa el paso que tomamos *alejándonos* de las exigencias del ego (el ser falso que prospera en la ambición), *hacia* el ser auténtico (el cuál nutre y se nutre de propósito) Jung usa la mañana de la vida como una metáfora para ilustrar que desde el comienzo, permitimos que el ego sea la influencia dominante. No obstante, llega un momento en la vida de todos en que la influencia del ego es tan poco auténtica y tan inapropiada que llega a ser una mentira.

Carl Jung nos está diciendo que de todas las "verdades e ideales" que aprendemos durante los años que pasamos construyendo una creencia en el ser falso, son guías ineficaces en la fase vespertina y en la tarde de la vida. El gran cambio comienza entre las así llamadas mañana y tarde, cuando comenzamos a anhelar encontrar "algo más" en nuestra existencia. Es entonces cuando comenzamos a movernos hacia una vida gobernada por la llamada del alma en busca de algo más —algo más significativo— en vez de la mezquina oferta ilusoria del ego. Jung nos advierte incluso que la guía del ego termina siendo falsa cuando se aplica a la metáfora de la tarde y la fase vespertina.

Este capítulo explora cómo alterar la dirección que el ego desea que tomemos, dando un giro de 180° de regreso a nuestra "Originalidad". Todavía muy vivos, simplemente, nos embarcamos en la jornada de cumplir con nuestro Dharma: el significado de nuestra vida. El giro de 180° es un gran cambio de la ambición de regreso a nuestro lugar de origen, para cumplir la promesa de la tarde y la fase vespertina de nuestra vida. Esa promesa es una vida repleta de propósito.

Dando el giro de 180°

La *dirección* que tomamos en la vida es mucho más importante que el *lugar* en donde el ego nos estaciona en el momento presente. Por ejemplo, preguntar sobre la dirección hacia donde nos dirigimos es más valioso que enfocarnos en cuánto pesamos o cuándo fumamos nuestro último cigarrillo. Comprometernos a cambiar un estilo de vida que nos perjudica es hacer el compromiso de cambiar de dirección, y entonces nos dirigimos hacia un programa de pérdida de peso o control de adicciones. Dirigirnos hacia algo más significativo o con un mejor propósito es incluso más importante.

Si escuchamos persistentemente las exigencias del ego, nos alejamos de nuestra Fuente del ser. El ego insiste en buscar más: más cosas, logros, estatus, triunfos y dinero. *Más* es el mantra del ego, impulsando una lucha interna interminable con la falsa promesa de que eventualmente lo conseguiremos. Sin embargo, cada punto de llegada asegurado es seductoramente transformado en un deseo de conseguir aún más, a menos que elijamos realizar un gran cambio en la dirección que nuestra vida está tomando. El gran cambio comienza en el proceso de detener el impulso y la auto-importancia del ego, pero luego debemos proceder con la tarea de descarrilarlo y redirigirlo en la dirección opuesta. Esto no significa que perdemos nuestra motivación, significa que nuestra motivación está realineada con una vida basada en el verdadero significado y en sentir que tenemos un propósito.

La ambición es ahora alimentada por nuestra Fuente del ser, y está vibrando a una frecuencia más elevada que el ser falso alimentado por el ego. Regresar a nuestra Fuente natural, la "Originalidad", que describí anteriormente como nuestro punto de origen, nos coloca de regreso hacia una forma de vida que apoya el potencial de la totalidad que somos.

Aquí encontramos algunas de las señales indicadoras de que estamos listos para dar un giro de 180° de la ambición al verdadero significado:

— **La insistencia repetitiva del ego de hacer y tener más se vuelve cada vez menos atractiva.** Más bien, comenzamos a advertir un interés hacia nuestro *Al* (aunque ésta puede ser una construcción gramaticalmente incorrecta, es un énfasis necesario con el fin de darle claridad al título de este capítulo). Gradualmente, podemos escuchar una parte de nosotros que murmura preguntas tales como: "¿Será que esto es todo?" "¿De qué se trata todo?" y "¿Cuál es el punto?". Comenzamos a cuestionar a nuestro ego que parece haber tomado el control, diciéndonos que la vida se trata de lo que hacemos y de lo que tenemos. Comenzamos a girar nuestra atención hacia nuestra Fuente, la cual nos está diciendo exactamente lo opuesto.

El Tao Te Ching nos instruye a dejar ir todo, a deshacernos de nuestros apegos. Esta parte del verso 81 habla particularmente de retar la voz del ego:

Los sabios no acumulan nada
sino que le dan todo a los demás,
cuanto más tienen, más dan.

Nos damos cuenta de que la vida comienza a tomar una dirección diferente cuando nos dirigimos al camino correcto, de regreso al hogar en este sentido metafórico. Comenzamos a comprender que tenemos más al desprendernos de la necesidad de adquirir y acumular. Este punto exacto es resaltado en mi película, cuando Chad, el director general, se desapega de su deseo de adquirir más cosas entregando una donación a la institución caritativa. Luego sigue la escena en la que le lleva rosas silvestres a su esposa, lo cual simboliza su decisión de cambiar la dirección de su vida.

Cambiar la dirección de una existencia poco menos que auténtica hacia una existencia auténtica, no significa que ya no seamos capaces de atraer la abundancia y la prosperidad, ni que perdamos nuestro deseo de ser productivos. Lo que *sí* significa es el éxtasis natural de sentirnos sintonizados con nuestra totalidad.

— Comenzamos a hacer el gran cambio de hacer más a hacer menos. Nuestra Fuente del ser nos estimula a que seamos más como el Tao y hagamos menos. Lao-Tsé nos dice que sin hacer nada, todo es hecho. De igual manera, Jesús nos dice: "Mirad las aves del cielo, que no siembran, ni siegan, ni recogen en graneros; y vuestro Padre celestial las alimenta." (Mateo 6:26). Este gran cambio es alejarnos de la ambición de "ganar el mundo", al cual Jesús se refiere cuando pregunta: "¿De qué le sirve a un hombre ganar el mundo si pierde su alma?" (Marcos 8:36).

En la jornada de Al —es decir, de regreso a nuestra naturaleza original— practicamos aún más la enseñanza de los alcohólicos anónimos de entregarlo todo y permitirle la entrada a Dios. Sin la presión de que tenemos que tener éxito a toda costa, llegamos a la posición maravillosa de lograr más, y terminamos sintiendo que nuestra vida tiene más significado.

— Comenzamos a eludir ser el centro de atención y trabajamos más desde la sombra. Nuestra Fuente del ser dice que la humildad debería ser nuestro enfoque primario. Pero durante años, el ego nos ha convencido efectivamente de que debemos enfocarnos en adquirir la reputación de ser personas ambiciosas. En el gran cambio de la ambición al verdadero significado, absorbemos la verdad del Tao y nos descubrimos atraídos hacia frases como ésta, del verso 73: "El estilo del cielo es conquistar sin luchar". Nuestro deseo de ser alabados da un giro hacia lo opuesto a los edictos del ego. Jesús habla también en oposición al ego cuando declara: "El más pequeño de entre ustedes, es el más grande" (Lucas 9:48). ¡Imagínese lo duro que es para el ego cuando comenzamos a practicar este tipo de humildad radical!

El ego prospera en la aprobación ajena y en las alabanzas que nos llegan, no es sorprendente entonces que aprendamos a adoptar un estilo de vida que busque la aprobación. Buscamos la aprobación desde que comenzamos a gatear. Cuando vamos en dirección opuesta y comenzamos a disminuir nuestra auto-importancia, no obstante, nos independizamos de la opinión ajena buena o mala.

— **La creencia en la unidad reemplaza nuestra creencia en la separación.** El ego lleva mucho tiempo insistiendo en que estamos separados de todos y que por lo tanto somos especiales. La convicción obstinada en la separación ha significado que constantemente nos estemos comparando con los demás, compitiendo por lo que deseamos; hemos aprendido a luchar e incluso a ir a la guerra para sustentar este concepto. El conflicto es una parte necesaria de la creencia en la separación del ego y la necesidad de dominar y destruir a los demás es todo parte intrínseca de esta mentalidad.

Cuando regresamos a nuestra "Originalidad", un sentido de unicidad comienza a reemplazar la separación. Nuestra Fuente del ser nos dice que estamos todos conectados, por lo que comenzamos a sentirnos menos competitivos; nuestro deseo de dominar es reemplazado por la compasión y ya no nos atrae controlar a los demás. El lenguaje del Espíritu nos instruye en el lenguaje del Tao Te Ching: "A nunca pensar en conquistar a los demás por la fuerza. Todo aquello que es conseguido a través de la fuerza, muy pronto terminará debilitándose. No está sintonizado con el Camino". Todos los conflictos, ya sean en nuestra vida personal o en el mundo, se derivan de nuestro alejamiento de nuestra Fuente del ser. Gracias a esta creencia en la separación, el ego nos dirige hacia la fuerza en vez de hacia el empoderamiento. Las palabras de Jesús están nuevamente en armonía con el antiguo Tao: "Bienaventurados los de corazón limpio, porque ellos serán llamados hijos de Dios" (Mateo 5:9).

Uno de los personajes de mi película está completamente sintonizado con su unicidad con los demás. Su nombre es Joe, y al principio no está claro si se trata de un conserje, jardinero o quizás un mesero. Pero es obvio que su ego no tiene pretensiones; trabaja de forma calmada, sensible y sincera al servicio de todos los huéspedes del hotel. El significado y el propósito han reemplazado cualquier necesidad de ambición y control para él. A lo largo de la película, él ilustra el tipo de conducta que se da cuando estamos conscientes de la unicidad que nos une.

— **Comenzamos a comprender que estamos conectados en Espíritu con todo lo que percibimos como faltante en nuestra vida.** Durante la mañana de la vida, el ego ha insistido en que estamos separados de todo aquello que nos falta, y en que debemos perseguir nuestros deseos. Nos incita a esforzarnos, pelear, trabajar duro y aplicar la ambición de forma determinada como un enfoque de vida; insiste que así es que lograremos ser considerados como exitosos por nuestros semejantes. Convencidos de que estamos separados, concluimos que aquello que nos falta es debido a nuestra separación. No obstante, provenimos de una unicidad en donde tal cosa no existe. Nuestra Fuente del ser nos recuerda amablemente que estamos conectados con todo, por lo que debemos estar conectados con aquello que pensamos que nos hace falta.

Este capítulo enfatiza que hacer un cambio radical o regresar a Al es algo con lo cual el ego no está familiarizado. El Tao Te Ching nos recuerda que el gran Tao es omnipresente, lo que significa que no existe un lugar en donde no esté. Como Jesús proclama: "El Reino de Dios está entre vosotros". (Lucas 17:21). El ego, por otro lado, define la individualidad como la separación de todo aquello que no podemos percibir con nuestros sentidos.

Cuando regresamos en dirección hacia donde nos reconectamos con nuestra Fuente del ser, la jornada es tipificada por una alineación en la cual pensamos y actuamos como el Tao que fluye por doquier. El Tao que "al igual que el cielo, cubre todas las criaturas, pero no las domina. Todas las cosas regresan a él como su hogar, pero él no las gobierna". Cuando nos movemos en esa dirección, no hay posibilidad de escasez ni carencias. Nos sentimos satisfechos y agradecidos por todo lo que tenemos.

— Comenzamos a confiar en la sabiduría que nos creó. El ego nos disuade constantemente de que creamos en nuestra divinidad, insistiendo en que estamos separados de Dios. Nuestra Fuente del ser, no obstante, nos dice que somos una parte inseparable de Dios. Si creyésemos, como Jesús nos enseñó, que "Yo y el Padre somos uno" (Juan 10:30), no habría necesidad de un ego.

Al embarcarnos en nuestro viaje de regreso, vemos la insensatez de seguir creyendo que nuestra Fuente del ser pudiera estar separada de nosotros. Sabemos que no somos criaturas distintas y temerosas, dependientes para nuestro sustento de un dios malévolo y temperamental. Comenzamos a vernos como nos describe Lao-Tsé: "Llevando el cuerpo y el alma y abrazando al Uno". Abandonamos el enfoque material del ego y ya no nos vemos separados de Dios.

Al convertirnos en uno con nuestra Fuente, comenzamos el proceso de realineación, pensando y contemplando más como Dios. Obtenemos la sabiduría necesaria para comprender estas palabras escritas por Thomas Troward: "Si contemplas con pensamientos que corresponden con tu Espíritu originario, tienes el mismo poder del Espíritu originario". Esta idea es anatema para el ego. Pero la totalidad, el Uno que realmente somos, se revela cuando comenzamos a confiar en la sabiduría que nos creó.

Qué esperar cuando cambiamos de dirección en nuestra vida

Como con cualquier cosa nueva, un cambio radical de la mañana de la vida hacia la tarde y luego hacia la fase vespertina, dará como resultado algunas situaciones sorprendentes. Esta nueva dirección, de la ambición al verdadero significado, a menudo es acompañada de un evento inesperado.

He descubierto que cada avance espiritual que he logrado, ha sido precedido por algún tipo de caída; de hecho, es casi una ley universal que una caída de algún tipo precede a un cambio importante. Una caída puede ser un evento vergonzoso que revele la exagerada influencia que le hemos permitido al ego en nuestra vida, lo cual ciertamente me ocurrió cuando estaba a punto de terminar mi relación con el alcohol. Otro tipo de caídas puede involucrar un accidente, un incendio que destruya todas las cosas que hemos obtenido tras periodos de duro trabajo, una enfermedad, un fracaso en una relación, la muerte de alguien o daños que causen profundo sufrimiento, un abandono, una adicción seria, el fracaso en un negocio, una bancarrota o similares. Estos puntos bajos en realidad proveen la energía necesaria para realizar un cambio radical en una dirección que nos aleje de una vida conducida por el ego hacia una llena de propósito.

Cuando estaba en la secundaria, yo era el chico que saltaba más alto en el equipo de salto de altura. Con el fin de impulsarme para saltar sobre la barra, me acercaba a la arena de salto y me agachaba hasta donde podía. En el proceso de agacharme tan abajo, creaba la posición necesaria para impulsarme lo suficientemente alto como para saltar sobre la barra. Para mí, esto es un símbolo de lo que ocurre antes de un gran cambio, en un sentido metafórico, agacharse puede significar que estemos lo suficientemente abajo como para tener acceso a la energía necesaria para cambiar la dirección de la vida.

Cada caída posee en su interior el potencial de movernos a un lugar más elevado. Puede ser necesario que caigamos bajo y nos ensuciemos en la noche oscura del alma con el fin de liberarnos del yugo de un ego muy bien establecido. "En toda desdicha está oculta la buena fortuna", es un concepto del Tao que parece apoyar el valor de aquellos momentos en la vida en donde experimentamos una caída. Sin esa desdicha en particular, la buena fortuna no está disponible.

Elisabeth Kübler-Ross coloca estos eventos en la categoría del trabajo de la naturaleza: "Si protegieras los cañones de los vendavales, jamás verías la belleza de sus esculturas".[2] Los vendavales de la vida son eventos potencialmente significativos, y podemos usarlos para impulsarnos a lugares más elevados. De hecho, estoy convencido de que cuanto más elevado es el propósito que hemos establecido para nuestras vidas, mayores y más duras serán las caídas que encontraremos.

Un leve ataque al corazón hizo que me volviera más compasivo hacia el sufrimiento de los demás. Haber pasado mi niñez recorriendo varias casas de padres adoptivos temporales me enseñó a confiar más en mí mismo desde muy pequeño, lo que me condujo, en consecuencia, a convertirme en un maestro de la auto-confianza. Una dolorosa y profunda separación de mi esposa me permitió escribir desde un corazón más compasivo. Vine aquí a lograr grandes cosas, comprenden, por lo tanto, no me sorprende en absoluto cuando veo que llegan grandes dosis de retos y caídas a mi vida. De hecho, ahora pienso que cualquier gran reto es una oportunidad de crecer a un nivel espiritual más elevado, en donde la gratitud gradualmente reemplaza el remordimiento.

Me fascina esta observación de Rumi, la que revela lo que yo considero una verdad esencial:

> *El camino espiritual destroza al cuerpo*
> *y después restaura su salud.*
> *Destruye la casa para desenterrar el tesoro*
> *y con ese tesoro la construye mejor que antes.*[3]

Esta ha sido mi experiencia cuando en retrospectiva observo cómo realicé un cambio de dirección y me fui radicalmente de la ambición al verdadero significado de la vida. Todas las caídas desenterraron un tesoro en mí que no habría podido utilizar si mi "casa" no hubiera sido destruida. Esos vendavales en mi vida me ayudaron a tallar el cuerpo de una obra que millones de lectores y audiencias aprecian.

Cada uno de los personajes de mi película *The Shift* experimenta algún tipo de "ese desenterramiento del ego", justo antes de su propio cambio radical a una vida más significativa. David, el productor de cine casi colapsa cuando sufre un revés que destruye su visión del éxito. Chad, el gerente general, enfrenta la ira de su esposa embarazada, arriesgando su matrimonio por seguir la postura de su ego. Y luego tenemos a Quinn y Jason, una pareja con dos chicos pequeños: Jason se enfrenta al dilema de convertirse en ama de casa temporal con el fin de apoyar a Quinn a satisfacer su Dharma como artista. El hecho es que todas estas caídas, pequeñas o catastróficas, son experiencias que pueden convertirse en el punto de impulso que eleva la conciencia de estos individuos a un lugar en donde el significado y el propósito son los principios de sus vidas.

Cada uno de los componentes del ego pretende exigencias completamente diferentes a las de nuestra Fuente del ser. El espíritu nos llama al hogar para una alineación perfecta con nuestro creador, el ego avanza a una velocidad mayor en la dirección opuesta. Debemos familiarizarnos más con el Espíritu si deseamos dar un giro de 180° mientras sigamos vivos..., y experimentar de manera plena la tarde de la vida.

Preparándonos para dar el giro de 180°

El Bhagavad Gita nos dice: "Nacemos en el mundo de la naturaleza; nuestro segundo nacimiento es en el mundo del Espíritu".[4] Domar la influencia del ego es el comienzo del segundo renacimiento. Al domar el ego, fomentamos el apoyo y la asistencia de nuestro Espíritu originario, y llegamos a advertir sincronismos que ocurren en nuestra vida. Las personas que necesitamos aparecen, se dan las circunstancias de forma que nos asisten en nuestro camino del Dharma, llega el dinero necesario para proyectos como nunca antes había ocurrido, y similares.

En palabras de Patanjali: "Cobran vida fuerzas, facultades y talentos dormidos, y descubres que eres una persona más grandiosa de lo que jamás habías soñado." Este gran filósofo hindú se refiere a lo que ocurre cuando cambiamos hacia una mentalidad espiritual, en vez de una mentalidad dominada por el ego: lo que previamente parecía inexistente, de repente cobra vida. Este es el resultado de invertir la dirección de la vida y saber que nos estamos dirigiendo *Al* (el título de este capítulo).

Lo más importante que podemos hacer para disolver la influencia del ego es proclamar que estamos *¡listos!* Recuerden el antiguo proverbio que dice: "Cuando el alumno está listo, el maestro aparece". Los maestros y las enseñanzas siempre están ahí a lo largo de toda nuestra vida. Pero cuando el ego está conduciendo las cosas, esos maestros pasan inadvertidos. Una vez que reconocemos verdaderamente que estamos listos para llevar una vida de propósito y llena de significado, es muy poco lo que tenemos que hacer. Comenzamos a vivir en un mundo diferente del que experimentamos en nuestra persona dirigida por el ego. Como he escrito y dicho en muchas ocasiones: *Cuando cambiamos la forma de ver las cosas, las cosas que vemos cambian.*

En resumen, esto es lo que ocurre cuando el ego da un giro de 180° y se dirige en dirección a nuestro lugar de origen:

Resumen de los siete pasos en nuestro giro de 180°

1. Realizamos un gran cambio hacia nuestro empoderamiento personal. Nuestro ego siempre se ha enfocado en el poder externo. Cuando nos movemos hacia el espíritu, reemplazamos la necesidad del ego de influenciar las situaciones externas o a otras personas con una preferencia por el empoderamiento personal. Cesamos de luchar las batallas eternas del ego y en su lugar realizamos un gran cambio hacia el verdadero significado. Hacemos esto bajo una curiosidad compasiva y consciente, y atendiendo por encima de todo a nuestro ser interior. La ausencia de interferencia se convierte en una prioridad máxima en vez de tener la razón o dominar a los demás.

2. Nos vemos conectados con todos. El ego se siente separado y distinto de los demás, un ser por sí mismo. Cuando vamos de regreso al espíritu, reconocemos nuestra conexión. La esencia de llevar una vida con un propósito es pensar como Dios piensa, y la Fuente creadora de toda la vida es justamente eso: responsable por toda la vida. Todos compartimos la misma Fuente y tenemos el mismo destino. Vernos como parte de todos elimina la necesidad de competir con alguien.

3. Nos sentimos motivados por la ética, la serenidad y la calidad de vida. El ego está motivado por los logros externos, el desempeño y las adquisiciones. Cuando regresamos al Espíritu, cambiamos nuestro enfoque hacia metas interiores. Nuestra preparación por llevar una vida de propósito involucra un gran cambio en la actitud hacia la dirección de sentirnos en paz, ser honestos y ayudar a los demás.

4. Cambiamos hasta llegar a creer en la posibilidad, incluso sentir la expectativa, de que los milagros sean parte de nuestra vida. Cuando avanzamos hacia el Espíritu originario, se disuelve la inversión del ego en una interpretación científica de causa y efecto. Cuando abandonamos el escepticismo, reconocemos la presencia de lo misterioso y lo insondable, confiando menos en nuestros sentidos y mucho más en nuestra intuición.

5. Practicamos la meditación. El ego elude la práctica de la meditación y a menudo la considera una pérdida de tiempo, o peor aún, pura demencia. Realizar el gran cambio hacia nuestra Fuente del ser conlleva buscar el silencio para contactar conscientemente a Dios como un componente natural de una vida significativa.

6. Comenzamos a reconocernos en la belleza y en la complejidad de la naturaleza. El interés del ego en contemplar la belleza de la naturaleza es mínimo. En nuestra jornada de regreso en dirección al Espíritu, nuestro interés en los milagros que aparecen en el mundo natural es ilimitado. Esto da como resultado nuestra preferencia de vivir en armonía con este universo, en vez de ejercer influencia y poder sobre él.

7. Somos menos críticos, comprendemos y perdonamos con facilidad. El ego es bastante inflexible en la importancia de buscar venganza. El gran cambio de la Fuente hace que disfrutemos las oportunidades de practicar el perdón. Buscar y lograr la venganza, la revancha y las represalias, nos impide sentir que llevamos una vida con propósito y significativa. Nos volvemos muy sensibles al precepto de que no definimos a los demás según nuestros juicios; simplemente, nos definimos como personas que necesitan juzgar.

■ ■ ■

Estas siete distinciones entre las ambiciones del ego y el deseo de llevar una vida de significado podrían fácilmente extenderse hasta 70 veces 7. En esencia, el proceso de dar el gran cambio al significado involucra reconsiderar nuestro papel en este universo maravilloso y misterioso desde una perspectiva espiritual. Reconocemos nuestro anhelo de más significado y propósito, y comprendemos que el ego no es capaz de satisfacer ese anhelo. Ya sea que lo articulemos personalmente o no, no podemos lograr la autenticidad desde el ser falso, que es el ego.

Esto es ilustrado de forma entretenida por las historias personales de David, Chad y Quinn en la versión de la película *The Shift*. Los vemos en su frustración de una *lucha* eterna, método de una vida dominada por el ego en su ambición, y los observamos cuando realizan el gran cambio al significado y, en consecuencia, a descubrir la alegría de *llegar*. En la película, el ego pierde su influencia cuando cada uno de estos personajes se cansa de luchar sin cesar y nunca llegar.

Una señal de que la dimensión de *AI* está a punto de llegar es que nosotros, como los personajes de la película, comenzamos a cansarnos de la angustia de luchar sin cesar y nunca llegar. La visión de nuestro mundo cambia cuando permitimos que capten nuestra atención los momentos cuánticos, y luego permanecemos en ellos.

Los momentos cuánticos pueden darle un vuelco total a nuestra vida

Trato el tema de los momentos cuánticos en la película, así como el hecho de que han sido descritos por miles de personas que han experimentado un gran cambio en su conciencia respecto a la vida. Estas personas han cambiado de una perspectiva de vida conducida por su ego a una perspectiva equilibrada espiritualmente, y se han convertido en seres más auténticos.

Hay cuatro cualidades que nos ayudan a reconocer un momento cuántico, el que tiene el potencial de presentarnos a nuestro ser auténtico. En su libro *Quantum Change: When Epiphanies and Sudden Insights Transform Ordinary Lives (Cambio cuántico: Cuando momentos de iluminación y de sabiduría repentina transforman vidas ordinarias)*, los autores William R. Miller y Janet C'de Baca señalan que *el cambio cuántico es una transformación personal: vívida, sorprendente, benevolente y permanente".* (Por favor tenga en cuenta que las palabras en itálica son cortesía de los autores de *Quantum Change).*

Lo que sigue a continuación es la forma en que *yo* describo estas cuatro cualidades, en un orden ligeramente diferente respecto a nuestro gran cambio de la ambición al significado:

1. ¡Sorprendente! Puede sonar contradictorio planificar sorprendernos, pero todo el mundo describe que los momentos cuánticos son inesperados, imprevistos y no deseados. Aquí es cuando el sincronismo y los hallazgos felizmente casuales colaboran para asombrarnos. Es como si nos entregáramos por completo y nos permitiéramos ser vividos por la vida. Nos convertimos en el estudiante que está listo, y en efecto, el maestro aparece. No obstante, esto es generalmente precedido por una caída.

Al comienzo de este capítulo, escribí sobre las caídas que a menudo sufrimos antes de cualquier tipo de avance espiritual. El universo parece funcionar de esta manera y yo podría contar muchos ejemplos de mi propia vida. Como mencioné con anterioridad, mi decisión final de llevar una vida libre de alcohol involucró un momento cuántico que me sorprendió por completo.

Ese día en particular me desperté a las 4:07 A.M. por el sonido de una voz, percibí un leve aroma de rosas en la habitación, y una sensación sobrecogedora de estar en la presencia de una energía Divina. Parecía haber una ligera brisa en mi cerrada habitación, y aunque yo estaba petrificado, y todos los nervios de mi cuerpo estaban a flor de piel, también quedé asombrado por lo que estaba ocurriendo en ese momento. La voz me dijo que yo había terminado mi relación con el alcohol y que se me haría fácil dejarlo.

Hace veinte años que eso ocurrió, y puedo decir con total honestidad que lo que escuché ese día resultó ser 100% verdad: jamás he vuelto a sentirme tentado a incluir el alcohol en mi vida. Esto fue una sorpresa total para mí. No obstante, en mi gran cambio hacia la dirección del Espíritu a través de los años, he tenido *muchas* de estas sorpresas, las cuales han atraído mi atención y me han guiado hacia una conciencia espiritual más grande.

2. **¡Vívidos!** Estos momentos cuánticos que le dan un vuelco a la vida también se caracterizan por ser extremadamente intensos. Incluso hasta el día de hoy, recuerdo cada detalle de ese espectacular momento cuántico que ocurrió cuando renuncié al alcohol. Las sábanas de mi cama, la ropa colgando sobre la puerta de mi armario, una tira cómica pegada a un espejo que había sobre mi cómoda, el envase lleno de monedas en el piso, el color de las paredes, un rasguño en la madera de la cabecera de mi cama...: todo es tan real para mí hoy como lo fue hace más de 20 años. Me parece que cuando el Espíritu nos llama, crea un signo de exclamación para enfatizar todo el episodio. Es tan vívido que permanece con nosotros para siempre.

3. ¡Benevolente! La tercera cualidad de estos momentos cuánticos es la benevolencia. Por ejemplo, la aventura de madrugada que acabo de contar fue uno de los momentos más pacíficos y gloriosos que jamás haya experimentado. La tranquilidad que me rodeaba era como estar acunado en los brazos de un Creador verdaderamente amoroso y generoso. Durante años había pensado en mi dependencia de unas cuantas cervezas al día en horas de la tarde. Había tratado de pensar en un día en que no me hubiera tomado una cerveza en la tarde y no era posible recordar un solo día en la última década, posiblemente más. Me decía que no se trataba de una dependencia, pues nunca me emborrachaba ni ponía a nadie en peligro conduciendo bajo el efecto del alcohol.

Sin embargo, en el fondo de mi corazón en donde radica la verdad, sabía que sí dependía del consumo de cerveza y que estaba interfiriendo en mi vida de formas potencialmente perjudiciales. No obstante, persistía, es decir, hasta mi caída y el momento cuántico. Hasta el día de hoy, describo ese encuentro en la madrugada, con lo que sea que haya sido, como uno de los momentos más gloriosos y serenos de mi vida. La experiencia de la benevolencia de un momento cuántico hizo que yo diera el gran cambio hacia un mundo totalmente nuevo en donde el significado reemplazó la ambición del ego.

4. ¡Permanente! La cuarta cualidad del momento cuántico es que jamás se aleja. La verdad permanente de mi ejemplo es que estoy en mi tercera década de abstinencia total. Si yo hubiera seguido por el mismo camino de consumo de cerveza, es muy probable que no hubiese vivido lo suficiente para escribir lo que les estoy trasmitiendo ahora.

Cuando estamos en el proceso de darle un vuelco a nuestra vida para reflejar el significado en vez de la ambición del ego, tendremos un momento cuántico sorprendente, vívido, benevolente y permanente. Ese momento quedará grabado en nuestra conciencia como una imagen vívida que jamás será olvidada. He oído que lo describen como una ducha cálida que recorre nuestro interior y cuya gentil huella permanece hasta lo infinito.

Cómo cambia la vida después de una experiencia de un momento cuántico

Mis primeros libros se enfocan casi exclusivamente en herramientas psicológicas para ayudar a los lectores a emplear enfoques efectivos de sentido común hacia sus problemas. No hay referencias hacia Dios o hacia un ser superior en los primeros 15 años aproximadamente de mi historia como escritor. Hoy, mis valores y mis escritos reflejan el gran cambio de la ambición al significado que tuvo lugar más tarde en mi vida y en mi carrera como escritor. Si hubiera tratado de vivir la tarde de mi vida de acuerdo con el programa de la mañana, mi vida habría sido una mentira, como lo señala Carl Jung en la última frase de la cita que abre este capítulo.

Con anterioridad a esos momentos cuánticos, mi vida estaba conformada mucho más extensivamente por mi ego. Es muy probable que yo hubiera respondido como los hombres y mujeres que participaron en los estudios escritos en el libro *Quantum Change:* cuando les preguntaron a los individuos que definieran el efecto que tuvieron en sus vidas las experiencias de momentos cuánticos, los autores concluyeron que "el sistema de valores de la persona con frecuencia dio un vuelco total".

Los cinco valores prioritarios para los hombres antes de su momento cuántico eran: *riqueza, aventura, triunfos, placer* y *ser respetados.* Interpreto estos valores como los valores "de la mañana", antes del gran cambio de la ambición al significado. No tengo intención de emitir un juicio aquí, estas cualidades son simplemente lo que el ego ha aprendido a creer que es importante y necesario para el éxito.

Muy temprano en sus vidas, los hombres aprenden que su trabajo es ganar dinero y su valor depende de la cantidad de dinero que hayan acumulado. Los hombres que crecen hacia la adultez en una sociedad que enfatiza el ego consistentemente informan compartir los mismos valores. Un hombre cree que debe amasar fortuna, vivir aventuras, triunfar a toda costa, y buscar placer convirtiéndose en la persona más importante en todos los sentidos, especialmente en el tema de la intimidad. *Primero yo. Siempre y cuando yo sienta placer, todo está bien.* Y la necesidad de ser respetado a toda costa es una razón clave para los conflictos que predominan en nuestro mundo dominado por los hombres y destrozado por las guerras.

Lo que estos mismos hombres (y me incluyo) informan como sus valores primordiales, después de un momento cuántico, es uno de los mensajes principales de *The Shift*. La prioridad número uno de estos hombres era un valor que no aparecía en ningún lugar de la lista cuando estaban en la mañana de sus vidas: espiritualidad. Así es, después de un avance hacia la tarde de la vida, la espiritualidad encabeza la lista. De hecho, *Quantum Change* informa que las cinco características más apreciadas con el grupo original de hombres eran ahora: *la espiritualidad, la paz interior, la familia, la voluntad de Dios* y *la honestidad*. Es fácil comprender por qué un momento cuántico sería visto como algo que le da ¡un vuelco total a la vida! Se trata de un cambio radical y completo alejándonos de las súplicas del ego y regresando a desear una vida en la realización de Dios en paz, con la familia, el amor y la honestidad personal.

Para las mujeres, el gran cambio en donde se alejan de los mensajes de la mañana de sus vidas conducidas por el ego es absolutamente fascinante. Cuando les preguntaron sobre cómo establecían prioridades en sus valores antes del momento cuántico, el valor número uno era la *familia*. Esto no es sorprendente porque las mujeres han sido programadas para creer que ser madre, hija y esposa supera todo lo demás. No quiero denigrar los roles femeninos de madre, hija, hermana, abuela y similares, lo que quiero es darle crédito al hecho de que ser mujer es más que una lista ambulante de cosas por hacer para alguien más. Cada mujer tiene un Dharma. No obstante, con bastante frecuencia, relega su Dharma personal a un estado sin importancia comparado con sus papeles familiares.

Los siguientes valores más elevados antes del momento cuántico eran: *la independencia, la profesión, ser aceptada* y *el atractivo físico*. Esta actitud está caracterizada dramáticamente en la película cuando Sarah describe los conflictos que experimentan las mujeres. En la cima de la lista de sus valores está ser buenas madres, a la vez independientes y tener una carrera. Más aún, antes de la experiencia cuántica, ellas clasificaban "ser aceptadas" y "ser atractivas" como sus máximas prioridades. Pero después del gran cambio hacia la tarde de sus vidas, lo cual es a menudo asistido por una sorprendente experiencia de un momento cuántico, las mujeres describieron que esos valores adquirieron un matiz absolutamente nuevo.

De acuerdo con *Quantum Change, el crecimiento personal* se colocó en la posición número uno de la lista de las mujeres después de la experiencia cuántica, seguido por *la autoestima, la espiritualidad, la felicidad* y *la generosidad;* cinco cosas que ni siquiera estaban en la lista de la vida de la mañana de estas mujeres. Cuando las mujeres en estos estudios se hicieron más conscientes de su naturaleza espiritual, el concepto que tenían de ellas mismas comenzó a realizar un gran cambio. Previamente, cosas como la espiritualidad y la autoestima no eran consideradas como valores importantes. Pero después de sus momentos cuánticos, recibieron una serie de valores totalmente nuevos y propulsados en una nueva dirección: una tarde de sus vidas llena de significado. Aclamo a William R. Miller y Janet C'de Baca por sus revolucionarias investigaciones, y recomiendo altamente su libro. Les garantizo que lo encontrarán tan fascinante como yo.

■ ■ ■

Es ideal terminar el capítulo titulado "AI" (la nueva dirección de nuestras vidas cuando estamos abiertos al cambio) con las palabras finales de la cita de Carl Jung al iniciar este capítulo: "Pues lo que fue maravilloso en la mañana será poco en la tarde, y lo que en la mañana fue cierto será falso en la tarde".

Nuestra vida, y las vidas de aquellas personas que influenciamos, estará desprovista de cualquier mentira cuando nos despojemos de nuestro ser falso y realicemos el gran cambio hacia la tarde y la fase vespertina de nuestra vida. Este es el tema del siguiente y último capítulo titulado "el verdadero significado".

■ ■ ■   ■ ■ ■

CAPÍTULO CUATRO

VERDADERO SIGNIFICADO DE SU VIDA

*"La vida no tiene significado... a menos que
sirva un propósito más allá de ella misma;
a menos que sea de valor para alguien más".*

— Abraham Joshua Heschel

*"La única posibilidad de darle
significado a la existencia [humana]
es elevando su relación natural con el
mundo a un nivel espiritual".*

— Albert Schweitzer

Hemos llegado al final, el cual irónicamente resulta ser idéntico al lugar de donde nos originamos. Nuestra meta en esta jornada De la simple ambición al verdadero significado ha sido regresar al lugar de donde nos originamos, y en las palabras de T. S. Eliot: "Conocer el lugar por vez primera".

Venimos de un lugar no físico lleno de propósito y significado. Al nacer asumimos un ser falso conocido como el ego, y pasamos un período de nuestra vida esforzándonos por satisfacer sus anhelos ambiciosos. Luego hicimos el gran cambio de dirección y comenzamos el regreso a nuestro hogar. Estamos aquí en la tarde significativa de nuestra vida, el lugar en donde, parafraseando la cita de Emmanuel que aparece previamente en el libro:

> *Nuestra mente no conoce el camino,*
> *nuestro corazón ya ha estado ahí,*
> *y nuestra alma jamás ha partido.*
> *¡Bienvenido al hogar!*

Cuando llegamos al hogar, cada aliento que tomamos es una expresión del propósito de nuestra vida. Ya no luchamos por ganar; obtener la aprobación ajena; cumplir con las expectativas que otros tienen de nosotros; cumplir con una idea ajena de nuestro Dharma; ni adquirir, lograr o acumular. Dejamos atrás los conflictos, la necesidad de certeza, de tener la razón, la lucha, la dominación, la idea de vencer y de sentirnos superiores. Todos estos asuntos del ego pierden su poder y atractivo cuando llegamos al hogar, en donde el Verdadero significado nos da la bienvenida.

Hace muchos años, después de tener una conversación con mi amigo Ram Dass, escribí estas palabras: *Toda mi vida deseé ser alguien. Ahora finalmente soy alguien: pero no soy yo.* Me esforcé por convertirme en ese alguien que todo el mundo admiraba por las fortalezas de su ego, sus grandes logros, la acumulación de riqueza, y todo un cúmulo de medallas al mérito... no obstante, finalmente llegué a darme cuenta de que ése no era yo. Los componentes del ego habían quedado bien establecidos, pero tuve que recorrer un largo camino antes de poder decir en verdad: "Estoy viviendo mi Dharma. Tengo un propósito y mi vida tiene significado".

La cita de Abraham Heschel al comienzo de este capítulo explica lo que hacía falta. Él advierte que el verdadero significado no está disponible a menos que nuestra vida "sirva un propósito más allá de ella misma; a menos que sea de valor para alguien más". Ese alguien que yo deseaba ser; en quien, para todos los fines, ya me había convertido en realidad, no era mi ser auténtico. Vine a este mundo, como usted y todos los demás, sin nada (es decir sin una sola cosa). Dejaré este mundo de la misma forma. ¿Mi conclusión? Ya que no nos quedamos con ninguno de nuestros logros ni nada de lo que acumulamos, lo único que podemos hacer con nuestra vida es entregarla.

Albert Schweitzer, un hombre a quien admiro mucho, explica en la segunda cita que abre este capítulo, que la forma de darle significado a la vida es elevar nuestra conciencia a una percepción espiritual en vez de material. Esto significa aprender a pensar como piensa Dios, lo cual enfatizo a lo largo de este libro y en mi película. *Éste* es el gran cambio: alejarnos del ego y regresar a la unicidad del espíritu, mientras seguimos vivos y no obstante morimos al ser falso.

Preparación para una vida con verdadero significado

¿Cómo vivimos nuestras vidas en este lugar llamado hogar en donde el ego no existe? Como podría sospecharlo, Lao-Tsé nos ofrece algunas pistas sobre cómo lograrlo.

Primero que todo, él advierte que es necesario sentir la sensación del cielo en la Tierra, a lo cual se refiere como "inmortalidad":

> *Las técnicas místicas para lograr la inmortalidad son*
> *reveladas únicamente a aquellos que*
> *han disuelto todas sus ataduras con*
> *el dominio burdo terrenal de la dualidad,*
> *el conflicto y los dogmas.*
> *Siempre y cuando queden*
> *ambiciones terrenales y banales,*
> *la puerta no se abrirá.*[1]

Si no logramos, al menos, comenzar este proceso, en otras palabras, nos quedaremos con las frustraciones del ego y la puerta a la inmortalidad sencillamente no se abrirá. Para llevar una vida con verdadero significado, es requisito indispensable que pasemos por una *egotomía* radical y disolvamos nuestras ataduras con aquello que Lao-Tsé llama "el mundo de las 10,000 cosas". Como él nos aconseja:

*Cuando logres conectar tu energía con el
dominio divino a través de la elevación
de tu conciencia y la
práctica de la virtud indiscriminada,
ocurrirá la transmisión de las
verdades sutiles y supremas.*[2]

Mientras vamos disolviendo nuestras ataduras con el mundo material y conectándonos simultáneamente con el dominio divino, tenemos la oportunidad de recibir guía más allá de nosotros mismos. Sabremos entonces cómo se siente llevar una vida diaria con propósito y significado. No tiene nada que ver con el ego.

Lao-Tsé sabía esta verdad hace 2500 años, y Jesús nos la recordó 500 años después en las enseñanzas del Nuevo Testamento: una vida llena de verdadero significado celebra nuestra perfección y la de la naturaleza: estamos en armonía con todos y con todo lo que lo rodea. No obstante, este estado armonioso no puede lograrse cuando adoptamos las características del ego. Para ser capaces de entrar en una vida de Espíritu y propósito, debemos entregar nuestra vida. Este es un concepto que el ego encontrará ridículo, e incluso trabajará horas extras para convencernos de sus desastrosas consecuencias.

■ ■ ■

El ser auténtico se pregunta: *¿Cómo puedo servir?* La actitud del ego, en cambio, es: *Dame más, dame más,* *dame más: necesito más y nunca quedo satisfecho.* Cuando nos alineamos con la voz del ego, el universo nos provee experiencias que corresponden con la energía de *dame más, dame más, dame más.* Al principio puede no ser tan obvio, pero si prestamos atención, es bastante claro que esta energía crea presión, ansiedad y estrés. ¿Por qué? porque aliarse con el ego significa que hemos elegido una vida en un ambiente exigente. Simplemente, no nos hemos dado cuenta que tenemos la opción de unir fuerzas con nuestros ideales auténticos y llevar una vida en un ambiente que no sea exigente. ¡La ley de atracción funciona en ambos casos!

Cuanto más le exigimos al universo, más nos es exigido. Cuanto más damos, más nos es dado. Es verdaderamente una simple cuestión de energía según la actitud generada en nuestro interior. Pensar consistentemente que necesitamos más atrae esta energía de privaciones de regreso hacia nosotros. Cuando generamos consistentemente pensamientos de generosidad, por el contrario, atraemos hacia nosotros la energía de *recibir.*

Volviendo a Lao-Tsé, él nos dice:

Es completamente posible que logres la inmortalidad,
y experimentes la alegría y la libertad absoluta por siempre.
La práctica de la virtud indiscriminada es el medio
para conseguir este propósito.

*Al practicar la bondad y la generosidad, alineas
naturalmente tu vida con el camino esencial.*[3]

El gran cambio es una interpretación contemporánea
de esta antigua enseñanza. Espero transmitirles que el
verdadero significado no se logra a través del ego y sus
métodos egoístas, sino por medio de esa parte de ustedes
que es benevolente. En el verso anterior Lao-Tsé habla de
practicar "la virtud indiscriminada", la cual es su sendero
a la libertad y a la alegría que caracterizan una vida llena
de propósito.

Las cuatro virtudes cardinales
que constituyen nuestra naturaleza original

Hay un libro que me encanta y se titula *Hua Hu
Ching: Las enseñanzas desconocidas de Lao-Tsé*, por
Brian Walker. En sus páginas, Lao-Tsé menciona cuatro
virtudes cardinales que son parte de nuestra naturaleza
original. Estas virtudes deben practicarse si queremos
conocer la verdad de nuestro universo y lograr una vida
de verdadero significado mientras sigamos en forma
física.

Aunque Brian Walker hizo un trabajo maravilloso en
su libro, me gustaría expandir cada una de estas virtudes,
una por una. Aquí están con una explicación detallada:

1. Reverencia hacia todas las formas de vida. Así comenzamos nuestra vida, no obstante le permitimos al ego que nos comprometa con la complejidad. Sus exigencias extraen la alegría de nuestros días, siempre tratando de llegar a algún lugar o a adquirir más, es una misión exhaustiva. A fin de cuentas, al desear el verdadero significado, regresamos al lugar de nuestra naturaleza original. Parece que dicho regreso debe haber inspirado a Voltaire a hacer la siguiente observación:

> Siempre comenzamos con lo sencillo, luego llega lo complejo, y a través de la iluminación superior, a menudo regresamos al final a lo sencillo. Dicho es el curso de la inteligencia humana.[4]

Cuando regresamos a nuestra "originalidad", nos llenamos de una energía producida por una sensación de asombro. Le damos la bienvenida a lo misterioso en vez de eludirlo, encontramos un placer renovado en las actividades más sencillas. Dejamos de desear que los demás sean algo que no son. En la fase del verdadero significado de la vida, nos deshacemos de las complejidades que el ego nos ha impuesto y la reverencia que sentimos es a menudo una sensación intensamente estimulante de respeto al observar la naturaleza. Nos deleitamos como nunca antes ante el ulular del viento o la furia de las tormentas y apreciamos a las abejas y a las mariposas cuando cumplen con su labor de llevar el polen de flor en flor.

La primera virtud cardinal se manifiesta como amor incondicional y respeto hacia nosotros y hacia todos los seres. Cuando reverenciamos todas las formas de vida, es prácticamente inexistente el deseo de interferir, dominar o controlar a otros. Seguimos estas dulces palabras del poeta Robert Frost: "Amamos las cosas que amamos por lo que son". Cuando practicamos esta primera virtud cardinal, no le pedimos a las personas (ni para el caso, a ninguna cosa) que viva de acuerdo con nuestras expectativas, algo que le encanta hacer al ego.

Hay dos formas de tener el edificio más alto en una ciudad: una es la del ego, la cual es derrumbar a los demás edificios hasta que el suyo sea el más alto. El problema con este método es que crea conflictos constantes. ¡A la gente no le gusta que destruyan o menoscaben sus logros! La ira es la primera reacción; seguida por la fuerza, la cual encuentra una fuerza opositora; y en poco tiempo, comienza a librarse una guerra a muerte. Este es el método del ego: no siente reverencia ni amor hacia los logros ajenos, solamente la necesidad de competir y salir victorioso para proclamar su superioridad. En efecto, el ego está siempre buscando a alguien con la osadía para intentar superarlo.

La segunda forma de tener el edificio más alto en la ciudad es el método del Espíritu, el cual ofrece verdadero significado en vez de ambición. Este método nos urge a que coloquemos la energía en nuestro propio edificio y respetemos los esfuerzos ajenos por hacer lo mismo. No hay necesidad de competir ni de triunfar. No hay fuerza que aplicar, la cual siempre resulta en una fuerza opositora.

La reverencia por toda la vida involucra amor y respeto hacia cada una de las criaturas de Dios, el planeta y el universo. Cuando practicamos esta virtud cardinal, estamos en paz con el mundo y con nosotros. En la fase del verdadero significado de la vida, reemplazamos la lucha por ser nosotros mismos: dejarnos vivir por el gran Tao.

2. Sinceridad natural. La segunda virtud cardinal habla de la honestidad en nuestras vidas diarias. Esto no significa necesariamente que evitemos romper reglas, más bien, somos guiados a disfrutar una existencia caracterizada por la autenticidad.

En la parte de la ambición conducida por el ego, nuestro ser falso o carente de autenticidad está esencialmente a cargo. Ahí es cuando nuestra idea de quiénes somos está basada en acumulaciones, logros, obtención de aprobación e incrementar nuestra separación como un emblema de nuestra superioridad. Es imposible ser por naturaleza sinceros si estamos tratando de ser alguien diferente a quien en realidad somos, lo cual es lo que ocurre cuando el ego es el que toma las decisiones.

Como dice William Shakespeare en *Hamlet:* "Dios te ha dado un rostro y tú te has fabricado otro". Cuando alteras tu "rostro" para ajustarte a la imagen que tiene el ego de ti, pierdes la habilidad de ser sincero por naturaleza. Esta cualidad resulta cuando permites que los demás te conozcan, sin tener miedo ni preocuparte por la forma en que vas a ser percibido. *Tus palabras y tu conducta básicamente envían este mensaje: Éste soy yo. Vine a este mundo con un llamado interior para cumplir un destino que jamás será silenciado.*

Esta atrevida frase, atribuida al autor de libros infantiles llamado Dr. Seuss, enfatiza el significado de la segunda virtud cardinal: "Sé quién eres y dí lo que sientes, porque no importan a quienes les importa, y a quienes importan no les importa". Es muy cierto: a quienes importan no les importa su sinceridad natural. No obstante, ellos apreciarán profundamente y se deleitarán con su sensación interior de propósito, y con que usted lleve una vida significativa. Ellos desean que usted experimente el gozo de explorar más quien es usted en verdad, en lugar de luchar por llegar a algún lugar o convertirse en alguien que no es.

A menudo hablo con personas que por desdicha, están fuera de sintonía con su naturaleza original. Describen su tristeza y frustración respecto a sus trabajos, desprecian los trajes y las corbatas que deben usar, las horas que deben trabajar y a sus compañeros de trabajo. En general, estos individuos viven desde un lugar muy deshonesto, dirigidos por factores que creen que los definen. Por supuesto, cuando se les pregunta si son honestos, insisten en que lo son. Pero la verdad es que sus vidas están a menudo desprovistas del verdadero significado y no tienen la sensación de estar cumpliendo con el Dharma que vinieron a realizar.

Siempre invito a los hombres y mujeres que están en esta situación, a reflexionar sobre esta cita de Thoreau, la cual estimula la sinceridad natural: "Si uno avanza con confianza en dirección de sus sueños, y se empeña por llevar la vida que se ha imaginado, encontrará el éxito inesperado en horas comunes".

No se pregunte qué necesita el mundo; no se pregunte lo que otros piensan qué *debería* estar haciendo con su vida. Más bien pregúntese qué es lo que lo hace sentir vivo, pues, más que cualquier otra cosa, lo que el mundo realmente necesita son hombres y mujeres que cobren vida. Lo que el mundo necesita es la sinceridad natural de personas viviendo su pasión de forma que haga que mejore la vida de los demás. Esto es lo que significa ser auténtico..., y esto, en mi humilde opinión, es lo que quería decir Lao-Tsé cuando denominó la segunda virtud cardinal de la sinceridad natural como algo que se manifiesta en la "honestidad y determinación de ser fiel a nuestro ser más verdadero y auténtico".

3. Benevolencia. La tercera virtud cardinal para vivir desde una posición del verdadero significado señala la amabilidad y la consideración hacia los demás. Como ya ustedes saben, este no es el estilo del ego. El ser falso está constantemente merodeando para encontrar la forma de ejercer poder sobre los demás, puesto que se siente separado. También se siente amenazado por la naturaleza competitiva de todas sus relaciones, y la necesidad de ejercer la fuerza proviene de eso; y entonces, por supuesto, cuando se enfrentan los egos surge la inevitable fuerza opositora.

Nuestro ser más elevado no se siente amenazado por otros porque no cree en el concepto de la separación. Al no sentirse separado, nuestro deseo de una vida llena de propósito abriga una sensación de unidad con todos los demás seres. Ese sentimiento de conexión fluye en dirección de la compasión; a fin de cuentas, nos dirigimos al mundo con benevolencia, humildad y amabilidad porque hemos regresado a nuestra naturaleza original. En palabras de Martin Luther King, Jr.: "Estamos atrapados en una red ineludible de reciprocidad; atados por un solo destino. Todo aquello que afecta a uno de nosotros directamente, nos afecta a todos indirectamente".

No experimentaremos el verdadero significado mientras que nos enfoquemos en la violencia. Pensar en conquistar y vencer a los demás, sin importar lo apremiante que sean las razones, evita que ejercitemos la benevolencia de nuestra naturaleza original. Como nos dice el Tao Te Ching:

Las armas fueron fabricadas para la destrucción
y deben ser evitadas por los sabios.

Las armas no están restringidas a los instrumentos mortales; también son las palabras y las acciones que usamos. Considerando la importancia de la benevolencia para llevar una vida significativa, vemos cómo nos lleva hacia la unicidad. Tanto Lao-Tsé como Jesús observaron las batallas constantes que existían entre las personas y las comunidades, y nos advirtieron que debíamos considerar nuestra naturaleza más elevada si deseábamos que el verdadero significado y el propósito fueran parte de nuestras vidas.

¿Cuántas personas han muerto debido a la inhumanidad del hombre hacia el hombre, obra tal del ser falso? ¿Y para qué? Tantos inocentes en aldeas antiguas fueron masacrados para ocupar una tierra, ocupar una colina o adueñarse del reino. Una mirada a la historia revela siglos de violencia, y el siglo XX ha sido el más violento de todos. ¿Y en dónde estamos hoy en día? ¿Hemos finalmente encontrado una forma de vivir todos juntos, como nuestra naturaleza más elevada nos implora que hagamos? Construimos armas y las almacenamos en depósitos y submarinos con el potencial de terminar la vida en nuestro planeta por muchos siglos. Este disparate es el producto de que muchos de nosotros actuemos exclusivamente bajo el mando de nuestros egos.

Debemos realizar el gran cambio para alejarnos de esas ambiciones perversas del ego e ir en pos de una existencia más significativa para todos nosotros en el planeta Tierra. Si realizamos ese cambio y brindamos amabilidad y benevolencia esquivando la violencia, sentiremos la diferencia en nuestra vida. Sentiremos que estamos finalmente en el hogar, pensando y actuando como nuestra Fuente del ser. Sentiremos el verdadero propósito. Sentiremos la autenticidad gozosa de una vida basada en el verdadero significado.

4. Apoyo incondicional. La cuarta virtud cardinal nos informa que estamos eternamente apoyados en el proceso de vivir de forma auténtica. Abandonamos la ambición impuesta por el ego y nos relajamos en el verdadero significado que apoya nuestra vida particular. El apoyo incondicional se manifiesta como un servicio a los demás sin expectativas de recompensas, ni siquiera que nos den las gracias; es el componente más importante para sentir que nuestra vida tiene un propósito. Es la forma más segura de aprender a pensar como Dios piensa, lo cual era la motivación primordial de Albert Einstein al intentar descubrir el misterio de la creación. Cuando nos vemos como expresiones divinas individualizadas de Dios, nos sentimos más inclinados a desear comprender la forma en que opera la fuerza creativa.

¿Qué hace Dios con sus manos? ¿Pide Dios un trato especial? ¿Pide ayuda? ¿Espera nuestro agradecimiento? ¿Acumula cosas para Él? ¿Se preocupa por cómo será juzgada su obra? Estas son preguntas adquiridas del ser falso. Preguntas para las cuales hemos creado mitos e historias como respuestas. No obstante, la verdadera respuesta a estas preguntas retóricas es: *lo único que Dios hace con sus manos es dar, crear y ofrecer una y otra vez. Eso es todo.*

Esta cuarta virtud cardinal nos dice que nuestra naturaleza original —y el propósito de la vida— es como el sol. Si le preguntamos al sol por qué siempre da luz, su respuesta sería casi con seguridad: "Es mi naturaleza hacerlo". Lo único que podemos hacer con nuestra vida es entregarla. Absolutamente todo lo demás con relación a conseguir logros o adquisiciones, no significa nada en el contexto de nuestro propósito como seres espirituales teniendo una experiencia humana. No atraemos lo que *deseamos*, atraemos lo que *somos*. La oración de San Francisco de Asís deja muy claro que "es dando que recibimos". Cuando damos, nos alineamos con la forma de actuar de nuestra Fuente del ser; por consecuencia, el universo nos ofrece experiencias que corresponden con nuestra generosidad y naturaleza solidaria.

Un poco antes, describía la forma en que el universo nos responde con la misma energía vibratoria que enviamos. *¿Cómo puedo servir?* es la energía de apoyo que enviamos y recibimos a cambio. Vemos la belleza de este enfoque hacia la vida, no en las cosas que atraemos, sino en el sentido fascinante de satisfacción que reemplaza nuestras exigencias ambiciosas y egoístas. Estamos viviendo el verdadero significado de la vida.

Cito de nuevo a Shakespeare, en esta frase que me encanta, de la tercera parte de su obra *Enrique VI:*

Mi corona está en el corazón, no sobre mi cabeza;
no está decorada con diamantes ni
con piedras preciosas de la India,
no es para ser vista. Mi corona se llama satisfacción:
pocos reyes disfrutan esta corona.

Uno de mis héroes personales es la Madre Teresa. Ella pasó sus últimos años enseñando y sirviendo a los demás. Una vez dijo: "El amor no puede continuar existiendo por sí solo, no tendría significado. El amor debe ser puesto en acción, y esa acción es el servicio".

Estas palabras me han inspirado y me han ayudado a hacer el cambio de las ambiciones de mi ego de servirme a mí mismo, hacia una vida dominada por el servicio a los demás.

Hoy en día, mi vida está casi cien por ciento dedicada al servicio de los demás de una forma u otra. Cada día comienzo con una oración de "gracias": son las primeras palabras que salen de mi boca al despertar. Esto me mantiene en estado de gratitud hacia todo lo que recibo, así como por la oportunidad de vivir mis días al servicio de los demás. Como declaró en una ocasión Rumi, el famoso poeta Sufi: "Si sólo vas a decir una oración al día, que sea 'gracias'".

Antes de comenzar mi día, hago todo lo necesario para realizar algo por alguien más. Puesto que recibo grandes volúmenes de correo, a menudo envío un libro o una copia de mi película *The Shift*, una serie de discos compactos, o un DVD con uno de los programas especiales del canal de la televisión pública de los Estados Unidos. Algo que sienta que le alegrará el día a un completo extraño de algún lugar del mundo. Cuando coloco los sellos en el sobre, disfruto muchísimo al saber que un paquete sorpresa de amor en acción le enviará un mensaje a alguien de que existen personas en el mundo que se interesan por los demás, y yo soy uno de ellos.

Con frecuencia llamo a alguien que sé que está sufriendo la pérdida de un ser querido o está hospitalizado.

En otras ocasiones, le envío dinero en un sobre a algunas de las muchas personas que prestan servicio en mi comunidad. Si estoy de viaje en un hotel, busco a las empleadas de la limpieza que me sirven de forma tan anónima y las sorprendo con un regalo inesperado de dinero en efectivo. No estoy relatando esto en busca de reconocimiento, sino para ofrecer ejemplos de la vida real sobre cómo afecta en la vida diaria el cambio hacia el verdadero significado.

Hay una multitud de formas en las cuales podemos dar. En realidad, no importa lo que hagamos. El punto es acostumbrarnos a reemplazar nuestra atención sobre nosotros mismos por la atención hacia los demás. Debemos practicar la humildad radical, buscar personas para servir, mantener al ego alejado... y hacerlo sin expectativas de ningún tipo de recompensa.

Ahora soy mucho más minimalista que cuando mi vida estaba dominada por los deseos y las exigencias de mi ego. Ahora disfruto muchísimo minimizando lo que he acumulado. Con frecuencia reviso mis armarios, biblioteca y adquisiciones personales de todo tipo y las dono sin expectativas de recibir las gracias. Requiero de muy pocos lujos; en efecto, cuanto menos objetos acumulados tenga en mi entorno de vida, mejor me siento. Como señalé previamente, no dejo pasar un solo día sin dedicarme a apoyar y servir a los demás. La ironía es que cuanto más doy —y cuanto más tiempo, energía y dinero invierto sirviendo a los demás— más recibo a cambio. Todo se mantiene reciclándose, puesto que sin el apego del ego por mis cosas y mis ganancias, cuanto más recibo, más estoy en capacidad de dar.

Pero aún así, con persistencia me recuerdo de esta cuarta virtud cardinal porque el ego es tenaz y no está dispuesto a retirarse de una manera decorosa. Surge cada tanto y de nuevo me incita a que piense en mí primero, a que acumule lo que llega a mis manos, a que espere profundos agradecimientos y complejas expresiones de gratitud por ser yo un hombre tan maravilloso. Me dice que no puedo darme el lujo de apoyar las personas que apoyo, ni de hacer cosas por los demás como mi ser superior desea hacer.

El ego me dice: "Wayne, no puedes darte el lujo de ser tan generoso. Has trabajado muy duro para tener lo que posees. No tienes que darle tanto dinero a la mujer que limpia los inodoros en ese hotel. Un dólar o dos es suficiente. Retrocede y piensa en ti primero". Una y otra vez me llegan estos mensajes del ego. A veces me veo a mí mismo imaginándome colocando a mi ego en una caja, sellándola e incluso sentándome encima de ella para evitar que vuelva a surgir y me aleje del compromiso con una vida de significado practicando lo que aprendí de la Madre Teresa, lo cual ahora repito: "El amor debe ponerse en acción, y esa acción es el servicio". Recuerdo que el amor no tiene significado si lo dejo que continúe existiendo por sí solo y enfocado solo en mí.

Recuerdo a Ram Dass, quien me dijo que los años más satisfactorios y significativos de su vida fueron cuando coloco a su ego a un lado y se puso al servicio de su madre, padre y madrastra; así como al servicio de las personas con SIDA y cáncer. Cargaba a su papá desde la cama al baño, lo limpiaba, aliviaba y consolaba, nunca sintiendo que era una carga. En efecto, mi amigo la llamó la oportunidad más grande de su vida. Dedicarse a ayudar y a apoyar a estas personas le permitió comprender en su totalidad el verdadero significado tras la advertencia de Lao-Tsé de vivir esta cuarta virtud cardinal.

Todos podemos acostumbrarnos a llevar una vida basada en el servicio sin expectativas de recompensa, adoptando sencillamente una práctica de humildad radical. Este es uno de los componentes claves de las personas altamente evolucionadas.

Tan sólo observe cómo funciona la naturaleza: el océano permanece bajo, no obstante, obtiene tremenda fortaleza. Esto se debe a que todos los ríos y las corrientes de agua terminan por fluir hacia abajo y llegan hacia él. Como nos recuerda el Tao Te Ching:

¿Por qué es el océano el rey de cientos de arroyos?
Porque se posa bajo ellos.
Por lo tanto, aquellos que desean una posición
por encima de los demás, deben hablar con humildad.

Los árboles se doblegan cargados de fruta madura, las nubes cuelgan con la suave lluvia y los líderes nobles se inclinan con gracia. Este es el camino del verdadero significado y el propósito. Practicando la humildad radical, enviamos un firme mensaje al ego de que tenemos la intención de llevar una vida con un verdadero propósito y significado, y que vamos a vivirla desde estas cuatro virtudes cardinales:

Las cuatro virtudes no son un dogma externo
sino una parte de tu naturaleza original.
Cuando se practican, le dan vida a la sabiduría y evocan
las cinco bendiciones: salud, riqueza, felicidad,
longevidad y paz.[5]

Estas características describen a las personas que han trascendido sus seres falsos y están llevando sus vidas llenas de verdadero significado. Ellas no están atormentadas con preguntas como: *¿Qué tal si toda mi vida ha sido un error?* Ellos han realizado el gran cambio a un nivel superior.

El gran cambio de la ambición al verdadero significado

Existe un maravilloso proverbio turco que relata de forma sucinta un mensaje subyacente en la película *The Shift*. Dice así: "No importa qué tan lejos hayas llegado en un camino equivocado, da la vuelta". No importa cuánto tiempo nos hayamos permitido viajar por el camino de nuestro ser falso. Sabemos cuando no nos está llevando hacia un sentido de propósito y significado, y podemos admitir que estamos en el camino equivocado.

La percepción de que nuestra vida carece de verdadero significado es suficiente evidencia de que es tiempo de dar un giro de 180°.

Aquí vemos las tres cosas más importantes que debemos buscar cuando hagamos el gran cambio hacia el sendero de una vida con significado y propósito:

1. El gran cambio de la arrogancia a la humildad

Este es un cambio monumental: alejarnos de los patrones habituales de pensamientos del ego, que dice que tenemos *derecho a todo* sin importar el impacto que se produzca sobre los demás o sobre el planeta. El hecho es que no tenemos derecho a *nada*. No obstante, la importancia personal del ego nos mantiene en un estado persistente de frustración. Este tipo de mentalidad provoca una ira generalizada hacia el mundo y a muchas de las personas que lo habitan.

La arrogancia es una actitud irritante que crea fricción. Se manifiesta como una persona negligente, presumida y solamente interesada en sí misma. Las normas que les dictamos a los niños pequeños, malcriados y dominados por el ego, son valiosas cuando también nos atrapamos siendo dominados por el ego. "Piensa en los demás antes que en ti"; "comparte tus juguetes" y "trata a los demás como deseas que te traten" y consejos similares, también son buenos para aplicarlos a nosotros cuando comenzamos a cambiar de la ambición al verdadero significado. Debemos abandonar la visión infantil de que el mundo nos debe algo. La famosa cita del presidente John F. Kennedy: "No preguntes lo que tu país puede hacer por ti sino lo que tú puedes hacer por tu país", es un inspirador recordatorio para que realicemos el cambio colectivo de sentir que tenemos derecho a todo en dirección a la humildad. Entonces, viviremos desde un lugar en la realización de Dios en vez de centrarnos en nosotros mismos.

Hacer el gran cambio hacia la humildad no significa que nos menospreciemos o nos debilitemos, lo que sí significa es que pensemos en servir a los demás antes que a nosotros. La humildad es el sendero del servicio, alimentando el sentimiento de propósito que le proporciona una dimensión de significado a nuestras vidas. Cuando advertimos que estamos pensando en lo que tenemos derecho, podemos recordarnos que estamos en el camino equivocado. Luego podemos encontrar una manera de regresar a la humildad y en dirección al camino correcto hacia la experiencia del verdadero significado.

Cuando nos preguntamos: "¿Cómo puedo desear para otra persona, incluso más de lo que me siento con derecho a tener?", podemos detener, aunque sea por un momento, esa sensación de tener derecho a todo. El propósito florece a través de la práctica de la humildad radical; no se alimenta de pensamientos sobre lo que sentimos que tenemos derecho a tener.

2. El gran cambio del control a la confianza

Si somos honestos con nosotros mismos, podemos estar de acuerdo en que estamos familiarizados con la parte del ego que controla y administra nuestras vidas e intenta ansiosamente hacer lo mismo con los demás. Ya sea con la familia, los amigos, colegas e incluso extraños, el ego rutinariamente acepta el trabajo de evadir a Dios y asumir el papel de ser el maestro manipulador. Cuando nos movemos en una dirección diferente, comprendemos lo insensato que es intentar controlar cualquier individuo o situación. Reconocemos esta necesidad de practicar la interferencia como una ostentación de poder de nuestro ser falso.

Hubo un tiempo en mi vida, por ejemplo cuando sentía la necesidad de dominar la mayoría de las conversaciones sociales. Al cambiar del control a la confianza, el resultado es que ahora fluyo con la dirección de las conversaciones y las opiniones que se expresan. Me siento satisfecho tan solo por el hecho de relajarme y observar, incluso cuando otros asumen el papel del ser falso, tal como yo lo veo. Puedo sonreír en mi interior ante las elecciones de vida de mis hijos incluso cuando estoy en desacuerdo. El cambio del control a la confianza ha reducido notablemente mi interferencia.

Más allá de mis relaciones personales con amigos y familia, en un sentido mucho mayor, confío más y controlo menos. En mi corazón sé que Dios escribe los libros, habla por mí en las conferencias, y construye los puentes. Cuando la confianza reemplaza al control, ya no es atractivo dejar a Dios fuera. "Todo lo que he visto me enseña a confiar en el Creador por todo lo que no he visto", pueden ser las palabras de Ralph Waldo Emerson, pero yo estoy tan completamente de acuerdo con ellas que podría hacerlas mías. Confío por completo en la sabiduría del Universo y en su Fuente creativa.

Con confianza, reconocemos nuestra propia sabiduría. Recordamos que nos originamos en la misma Fuente y, por lo tanto, debemos ser como ella. Podemos confiar en la Fuente para guiarnos, en lugar de complicar todo con las exigencias del ego de reconocimiento personal y nuestra creencia en nuestra superioridad. La confianza nos permite escuchar en vez de tomar el control. Escuchar nos permite sentarnos cómodamente, sabiendo que la Fuente creativa de todo está a cargo en vez de nuestro pequeño y endeble ego. Cambiar del control a la confianza es muy importante para nuestro trabajo de vida.

En la película *The Shift*, relato cómo encontré el camino que resonó con el llamado de mi alma. Lo hice escuchando lo que sentía profundamente en mi interior, en vez de lo que mi ego me decía respecto a cómo capitalizar mi fama como escritor de libros para ganar más dinero. Al confiar en mi sentimiento interior, fui capaz de realizar el gran cambio en mi vida, alejándome de la escritura de libros basados en la psicología para escribir sobre cómo llevar la vida desde una orientación espiritual. Este cambio alejándome de la ambición del ego, la cual trataba de controlar mis escritos y mi carrera como orador, me colocó en el camino al verdadero significado.

Cuando *usted* se libera del control del ego, ¿en qué confía entonces? Hay tres señales que debe buscar en este camino. Son: confianza en sí mismo, confianza en los demás y confianza en la Fuente del ser. A continuación vemos una breve explicación de cada una:

— **Confianza en sí mismo.** Significa escuchar su alma de la forma en que ella habla. La intuición por lo general es una voz confiable en cualquier forma que se exprese individualmente. Mahatma Gandhi explicaba su percepción de ella: "¿Qué es la verdad? Una pregunta difícil; pero la he resuelto para mí mismo afirmando que es lo que te dice la 'voz de tu interior'".

— **Confianza en los demás.** Significa interferir lo menos posible. Cada uno tiene el universo dentro de sí; confiar en los demás lo libera de sentirse obligado a interferir. En las palabras de Lao-Tsé en el Tao Te Ching:

¿Crees que puedes controlar el universo y mejorarlo?
No creo que eso pueda hacerse.

Todas las cosas (y todas las personas)
bajo el cielo son vehículos sagrados
y no pueden ser controladas.
Tratar de controlar conlleva a la ruina.
Tratar de aferrarnos, nos hace perderlo todo.

— **Confianza en la Fuente del ser.** Significa confiar en el misterio de la creación. La Fuente universal de toda la creación, por más invisible que sea, lo guía así como guió su desarrollo en el vientre materno. Cuando confía en la inteligencia divina, usted coopera e invita el gran cambio hacia el verdadero significado.

3. El gran cambio del apego a la liberación

Quizás las lecciones más grandes de mi vida han tenido relación con el lema de los alcohólicos anónimos: "Suelta las riendas y entregáselas a Dios", un concepto que significa abandonar los apegos y miedos del ego hacia algo. El apego más pronunciado que tenemos la mayoría durante la mañana de nuestras vidas es el apego a ¡tener la razón! No hay nada que le guste más al ego que tener la razón, y practicar liberarnos de este apego es importante y satisfactorio.

Dudo seriamente que haya alguna persona que lea este libro que no se haya visto involucrada en una discusión respecto a asuntos triviales que hayan terminado en desacuerdos, y que a la vez esto no haya tenido un efecto que haya concluido en ira y convicción de tener la razón. Y todo esto probablemente parece ocurrir por ninguna otra razón distinta a la necesidad y al deseo de ¡tener la razón! Eventualmente, podemos en retrospectiva observar con entretenida nostalgia comprendiendo ahora que nuestro miedo de estar *equivocados* era tan poderoso que la opinión ajena logró activar este sentimiento indeseado. La estrategia del ego era tener la razón a toda costa, una maniobra muy exitosa que nos distrae efectivamente de nuestro propósito genuino. Liberarnos del apego de tener la razón es un ejercicio bastante simple.

La decisión de soltar las riendas y entregárselas a Dios, con el fin de eliminar nuestro apego a tener la razón, se simplifica con estas breves palabras: *tienes toda la razón*. Pero tenga en cuenta que la amabilidad y la sinceridad son necesarias en este caso, en franca oposición al sarcasmo o a la deshonestidad. Estas cuatro palabras abrirán gradualmente el punto de entrada a un sendero cuya meta será *soltar las riendas y entregárselas a Dios,* para así experimentar el verdadero significado de la vida.

Otra forma de practicar fácilmente de liberarnos de los apegos del ego es despejar la cochera, las alacenas y los armarios. Libérese de posesiones materiales, y practique no apegarse a ellas. Si no las ha usado en los últimos doce meses, pertenecen a otro lugar. Podemos entrenarnos para ser uno de "aquellos" que Joel Goldsmith describe en su libro *A Parenthesis in Eternity: Living the Mystical Life (Un paréntesis en la eternidad: vivir la vida mística):*

> También existen aquellos que alcanzan una etapa en la cual comprenden la futilidad de la lucha y el esfuerzo constantes por conseguir bienes perecederos, cosas que después de obtenerlas se convierten en

sombras. Es en esta etapa que algunas personas dejan de buscar cosas en el dominio externo y comienzan a buscarlas en Dios.

La mayoría del estrés es el resultado de aferrarse a las creencias que nos mantienen luchando por más, porque el ego se rehúsa tercamente a creer que no necesitamos nada. Cuando hacemos el gran cambio, se disuelve la influencia de nuestro ego y reemplazamos el apego con satisfacción. Perseguir cosas y luchar —y luego apegarnos a las cosas que perseguimos— es una fuente de ansiedad que fortalece la ambición, pero no satisface la necesidad de verdadero significado al nivel de nuestras almas. Todo lo que tratamos de conseguir a fin de cuentas nos distancia de nuestra naturaleza original. Todos nuestros apegos están destinados a perecer. Todos son sombras, como lo señala Goldsmith.

■ ■ ■

Cuando avanzamos en dirección a nuestro ser auténtico, todos los grandes cambios en este capítulo del verdadero significado se convierten en algo natural en nuestra forma de ser. Las nuevas actitudes se sienten bien, y advertimos que ya no se sienten cómodas las exigencias egoístas que antes permitíamos que dominaran nuestra existencia. El verdadero significado tiene predominancia sobre la ambición del ego.

Vivir las cuatro virtudes cardinales y hacer los cambios hacia la humildad, la confianza y la liberación se siente natural porque nos estamos reuniendo con nuestra naturaleza original. Una vida de verdadero significado literalmente está sólo a un pensamiento de distancia.

Cierro el capítulo con las palabras de Sir Laurens van der Post que describe el cuento de los dos tipos de hambre de los bosquimán del desierto africano y de su relación con el verdadero significado y propósito de nuestras vidas, el cual también abre la introducción de este libro. Para mí, estos párrafos son sumamente simbólicos en muchos niveles. Léalos de nuevo en el espíritu de *El gran cambio,* sabiendo que cada uno de nosotros es responsable del verdadero significado que encontramos en nuestras vidas:

Los bosquimán del desierto Kalahari
hablan de dos "hambres".
Existe la Gran Hambre y la Pequeña Hambre.
La Pequeña Hambre desea comida
para el vientre; pero la Gran Hambre,
la mayor de todas, es el hambre de significado...

En última instancia, sólo hay algo que hace
que el ser humano se amargue
de forma profunda e intensa,
y es imponerse una vida sin significado...

No tiene nada malo ir en pos de la felicidad...
Pero existe algo que le ofrece
mucho más consuelo al alma...
es algo mucho más grande que la felicidad,
o la infelicidad, y se trata del significado. Pues el
significado lo transforma todo...
Una vez que lo que haces tiene significado
para ti, es irrelevante si eres feliz o no.
Te sientes pleno —no sientes que tu Espíritu
está solo— sientes que perteneces a algo.

(Sir Laurens van der Post en *Hasten Slowly,*
una película de Mickey Lemle)

■ ■ ■   ■ ■ ■

NOTAS FINALES

Capítulo uno

1. De *El profeta,* por Kahlil Gibran, publicado por Alfred A. Knopf, Inc.

2. De *Random House Webster's Quotationary,* por Leonard Frank, publicado por Random House.

3. De *Four Quartets,* por T. S. Eliot, publicado por Harcourt, Inc.

4. De *Quotationary.*

5. Ibid.

6. De *Treasury of Spiritual Wisdom: A Collection of 10,000 Powerful Quotations for Transforming Your Life,* por Andy Zubko, publicado por Motilal Banarsidass.

7. Ibid.

Capítulo dos

1. De *Treasury of Spiritual Wisdom*.

2. De *Emmanuel's Book: A Manual for Living Comfortably in the Cosmos,* por Pat Rodegast y Judith Stanton, publicado por Bantam.

3. De *Treasury of Spiritual Wisdom*.

Capítulo tres

1. De *The Portable Jung,* por Carl Jung y editado por Joseph Campbell, publicado por Viking Penguin Inc.

2. Cita reimpresa con el permiso de Elisabeth Kübler-Ross Foundation.

3. De *Rumi: Daylight,* traducido por Camille and Kabir Helminski, publicado por Shambhala.

4. De *50 Self-Help Classics: 50 Inspirational Books to Transform Your Life,* por Tom Butler-Bowden, publicado por Nicholas Brealey Publishing.

Capítulo cuatro

1. De *Hua Hu Ching: The Unknown Teachings of Lao Tzu,* por Brian Walker, publicado por HarperCollins.

2. Ibid.

3. Ibid.

4. De *Quotationary.*

5. De *Hua Hu Ching.*

■ ■ ■

— Agradezco profundamente a Mickey Lemle por su permiso de copiar aquí la cita de *Hasten Slowly: The Journey of Sir Laurens van der Post.* Por favor visite: **www.lemlepictures .com** para mayor información.

— Un agradecimiento muy especial a Leonard Frank, autor de *Quotationary,* por organizar y ensamblar una colección maestra de citas que me han inspirado por tantos años.

— A menos que se señale lo contrario, las citas del Tao Te Ching provienen de una versión del dominio público o de mi propia interpretación de este texto antiguo sagrado: *Cambie sus pensamientos, cambie su vida.*

— Intentamos en lo posible darle crédito a todas las fuentes en los casos en que así aplicaba. Se le ruega a cualquier persona con información adicional que contacte a: J. Littell, Permissions Department, Hay House, Inc., P.O. Box 5100, Carlsbad, CA, 92018-5100. Cualquier error será corregido en impresiones futuras.

■ ■ ■   ■ ■ ■

ACERCA DEL AUTOR

El doctor **Wayne W. Dyer** es un escritor y orador famoso internacionalmente en el campo de la autoayuda. Ha escrito más de treinta libros, ha producido muchos programas de audio y videos y ha aparecido en miles de programas de radio y televisión. Sus libros: *Manifest Your Destiny, Wisdom of the Ages, Hay una solución espiritual para cada problema*, y sus éxitos de ventas del *New York Times 10 Secretos para conseguir el éxito y la paz interior, El poder de la intención, Inspiración, Cambie sus pensamientos, cambie su vida* y *Excuses Begone!* se han convertido en programas especiales para la televisión pública de los Estados Unidos.

Wayne posee un doctorado en consejería educativa de Wayne State University y fue profesor adjunto de St. John's University en Nueva York.

Página de Internet: **www.DrWayneDyer.com**

■ ■ ■   ■ ■ ■

Esperamos que haya disfrutado este libro de Hay House. Si desea recibir nuestro catálogo en línea donde ofrecemos información adicional sobre los libros y productos de Hay House, o si desea obtener mayor información sobre Hay Foundation, por favor, contacte:

Hay House, Inc.
P.O. Box 5100
Carlsbad, CA 92018-5100

(760) 431-7695 • (800) 654-5126
(760) 431-6948 (fax) • (800) 650-5115 (fax)
www.hayhouse.com®

■ ■ ■

<u>Dele unas vacaciones a su alma</u>

Visite **www.HealYourLife.com®** para centrarse, recargarse y reconectarse con su propia magnificencia. En esta página se destacan boletines electrónicos, noticias sobre la conexión entre la mente, el cuerpo y el espíritu y la sabiduría transformadora de Louise Hay y sus amigos.

¡Visite **www.HealYourLife.com** hoy mismo!